湖南省地方标准

高速公路机电工程概预算编制办法及定额

附录 B 湖南省高速公路机电工程预算定额

DB 43/T 859—2014

主编单位：湖南省交通运输厅交通建设造价管理站
批准部门：湖南省质量技术监督局
实施日期：2014 年 2 月 17 日

人民交通出版社

湖南省地方标准（DB 43/T 859—2014）

书　　名：高速公路机电工程概预算编制办法及定额
附录 B　湖南省高速公路机电工程预算定额

著 作 者：湖南省交通运输厅交通建设造价管理站
责任编辑：卢仲贤
出版发行：人民交通出版社
地　　址：（100011）北京市朝阳区安定门外外馆斜街 3 号
网　　址：http://www.ccpress.com.cn
销售电话：（010）59757973
总 经 销：人民交通出版社发行部
经　　销：各地新华书店
印　　刷：北京市密东印刷有限公司
开　　本：880×1230　1/32
印　　张：6.125
版　　次：2014 年 4 月　第 1 版
印　　次：2014 年 4 月　第 1 次印刷
书　　号：ISBN 978-7-114-11231-7
定　　价：60.00 元
（有印刷、装订质量问题的图书由本社负责调换）

图书在版编目（CIP）数据

高速公路机电工程概预算编制办法及定额．附录 B：湖南省高速公路机电工程预算定额／湖南省交通运输厅交通建设造价管理站主编．—北京：人民交通出版社，2014.3

ISBN 978-7-114-11231-7

Ⅰ．①高…　Ⅱ．①湖…　Ⅲ．①高速公路—机电工程—概算编制②高速公路—机电工程—预算编制③高速公路—机电工程—概算定额④高速公路—机电工程—预算定额　Ⅳ．①U412.36

中国版本图书馆 CIP 数据核字（2014）第 038678 号

目　　录

总 说 明

一、《湖南省高速公路机电工程预算定额》(以下简称本定额)是湖南省高速公路机电工程专业定额。它是编制施工图预算的依据,也是编制工程概算定额(指标)的基础,适用于公路基本建设新建、改建机电工程,不适用于独立核算执行产品出厂价格的构件厂生产的构配件。对于公路养护的大、中修工程,可参考使用。

二、本定额是以人工、材料、机械台班消耗量表现的工程预算定额。编制预算时,其人工费、材料费、机械使用费,应按《高速公路机电工程概预算编制办法及定额》的规定计算。

三、本定额在交通部《公路工程预算定额》(JTG/T B06-02—2007)基础上编制的,并参考其他各部定额和根据实际情况进行调整和编制补充定额。本定额包括:收费系统、通信系统、监控系统、供电照明系统、隧道通风系统、光缆、电缆敷设、配管与防雷接地共七节及附录。

四、本定额是按照合理的施工组织和一般正常的施工条件编制的。定额中所采用的施工方法和工程质量标准,是根据国家现行的公路工程施工技术及验收规范、质量评定标准及安全操作规程取定的,除定额中规定允许换算者外,均不得因具体工程的施工组织、操作方法和材料消耗与定额的规定不同而变更定额。

五、本定额除隧道工作每工日 7h 外,其余均按每工日 8h 计算。

六、定额中的工程内容,均包括定额项目的全部施工过程。定额内除扼要说明施工的主要操作工序外,均包括准备与结束、场内操作范围内的水平与垂直运输、材料工地小搬运、辅助和零星用工、工具及机械小修、场地清理等工程内容。

七、本定额中的材料消耗量系按现行材料标准的合格料和标准规格料计算的。定额内材料、成品、半成品均已包括场内运输及操作损耗,编制预算时,不得另行增加。其场外运输损耗、仓库保管损耗应在材料预算价格内考虑。

八、本定额中周转性的材料、模板、支撑和挡土板等的数量，已考虑了材料的正常周转次数并计入定额内。一般不予抽换。

九、定额中列有的混凝土、砂浆的强度等级和用量，其材料用量已按附录中配合比表规定的数量列入定额，不得重算。如设计采用的混凝土、砂浆强度等级或水泥强度等级与定额所列强度等级不同时，可按配合比表进行换算。但实际施工配合比材料用量与定额配合比表用量不同时，除配合比表说明中允许换算者外，均不得调整。

混凝土、砂浆配合比表的水泥用量，已综合考虑了采用不同品种水泥的因素，实际施工中不论采用何种水泥，均不得调整定额用量。

十、本定额中各类混凝土均未考虑外掺剂的费用，如设计需要添加外掺剂时，可按设计要求另行计算外掺剂的费用并适当调整定额中的水泥用量。

十一、本定额中各类混凝土均按施工现场拌和进行编制，当采用商品混凝土时，可将相关定额中的水泥、中(粗)砂、碎石的消耗量扣除，并按定额中所列的混凝土消耗量增加商品混凝土的消耗。

十二、本定额中各项目的施工机械种类、规格是按一般合理的施工组织确定的。如施工中实际采用机械的种类、规格与定额规定的不同时，一律不得换算。

十三、本定额中的施工机械的台班消耗，已考虑了工地合理的停置、空转和必要的备用量等因素。编制预算的台班单价，应按《公路工程机械台班费用定额》(JTG/T B06-03—2007)分析计算。

十四、本定额中只列工程所需的主要材料用量和主要机械台班数量。次要、零星材料和小型施工机具均未一一列出，分别列入"其他材料费"及"小型机具使用费"内，以元计，编制预算即按此计算。

十五、本定额未包括收费岛土建、通信管道等土建类工程和消防系统工程的建筑安装工程预算定额。

十六、本定额遇有下列情况，可按《高速公路机电工程概预算编制办法及定额》中的有关规定办理；

(一)冬、雨季施工的工程；

(二)夜间施工的工程;

(三)边施工边维持通车的工程。

十七、定额表中注明“××以内”或“××以下”者,均包括“××”本身;而注明“××以外”或“××以上”者,则不包括“××”本身。定额内数量带“( )”者,则表示基价中未包括其价值。

十八、本定额的基价是人工费、材料费、机械使用费的合计价值。基价中的人工费、材料费基本上是按北京市2007年的人工、材料预算价格计算的(详见附录),机械使用费是按2007年交通运输部公布的《公路工程机械台班费用定额》(JTG/T B06-03—2007)计算的。

十九、定额中的“工料机代号”系编制概预算采用电子计算机计算时作为对工、料、机械名称识别的符号,不可随意变动。编制补充定额时,遇有新增材料或机械名称,可取相近品种材料或机械代号间的空号。

二十、机电改造专项工程项目中拆除、清理费用

机电改造专项工程项目中经常会有一些设备、主材转移或拆除,除会发生安装和运输费用外,还会发生拆除清理费用。对于拆除清理费可按新建同类工程的比例计算(即套用新建同类工程定额并乘以系数),见下表。

拆除清理系数

序号	项目名称	系数(不需清理入库的按低值计取)
1	机电设备	0.4~0.55
2	送电线路及通信线路	0.6~0.72

第一节　收 费 系 统

说　　明

1. 本节包括收费系统收费车道设备、内部对讲和安全报警系统设备、计算机及网络设备、视音频控制设备、软件等设备安装、调试,系统互联与调试,系统试运行、附属配套设备安装等项目。

2. 本节不包括以下工作内容:

(1)设备本身的功能性故障排除。

(2)制作缺件、配件。

(3)在特殊环境条件下的设备加固、防护。

(4)与计算机系统以外的外系统联试、校验或统调。

(5)设备基础和隐蔽管线施工。

(6)外场主干通信电缆和信号控制电缆的敷设施工及试运行。

(7)接地装置、避雷装置的制作与安装,安装调试设备必需的技术改造和修复施工。

3. 工程量计算规则:

(1)设备安装定额单位除系统试运行以系统·月计、车位检测器以端计、非接触式 IC 卡以张计、视频捕捉卡以张计、设备连接电缆终接部件和外设接口电缆安装以条计,其余均以台或套计。

(2)计算机系统可靠性、稳定性运行按计算机系统 24h 连续计算确定的,超过要求时,其费用另行计算。

4. 新增补充定额采用“ * ”标记。在收费系统收费车道系统,内部对讲和安全报警系统;收费计算机及网络系统,视音频控制系统等系统中分别增补。

5. 对于原有定额进行修改的采用“△”标记。

1. 收费车道设备安装

工程内容:1)开箱检查、定位、机械安装、线缆连接、电气调试、指标测试、清理现场;2)零配件配套、按说明书通电;3)设备初验、检查基础、安装设备、调试设备、试运行;4)画线开槽、下线灌封。

单位:1 套

顺序号	项目	单位	代号	车道控制机	终端显示器	专用键盘	电动栏杆	手动栏杆	费用显示及报价器	收据打印机	纸制磁条通行券		非接触式IC卡读写机
											发卡机	读卡机	
				1	2	3	4	5	6	7	8	9	10
				6-2-4-1	6-2-4-2	6-2-4-3	6-2-4-4	6-2-4-5	6-2-4-6	6-2-4-7	6-2-4-8	6-2-4-9	6-2-4-10
1	人工	工日	1	4.2	0.6	0.6	4.2	1.8	2.4	0.6	2.4	1.8	1.2
2	螺栓	kg	240	-	-	-	-	-	-	-	-	-	-
3	膨胀螺栓	套	242	-	-	-	6.1	6.1	-	-	-	-	-
4	电线	m	711	-	-	-	-	-	-	-	-	-	-
5	环氧树脂	kg	746	-	-	-	-	-	-	-	-	-	-
6	其他材料费	元	996	2.0	2.0	2.0	2.0	2.0	2.0	2.0	2.0	2.0	2.0
7	混凝土电动切缝机	台班	1245	-	-	-	-	-	-	-	-	-	-
8	4t 以内载货汽车	台班	1372	-	-	-	-	-	-	-	-	-	-
9	3t 以内蓄电池车	台班	1416	0.25	-	-	0.25	0.25	-	-	-	-	-
10	10kN 以内单筒慢动卷扬机	台班	1498	-	-	-	-	-	-	-	-	-	-
11	300kg 以内液压升降机	台班	1560	-	-	-	-	-	-	-	-	-	-
12	小型机具使用费	元	1998	14.3	3.5	2.2	16.5	12.8	4.1	3.5	-	3.0	3.0
13	基价	元	1999	261	35	34	283	161	124	35	120	94	64

续前页

单位:1套

顺序号	项目	单位	代号	ETC微波射频读写机	二维条形通行券		自动发卡	声光报警器	收费操作台	紧急脚踏开关	报警灯	雨蓬信号灯（单相）	车辆通行信号灯
					打印机	识读机	读卡机						
				11	12	13	14	15	16	17	18	19	20
				6-2-4-11	6-2-4-12	6-2-4-13	6-2-4-14	6-2-4-15	6-2-4-16	6-2-4-17	6-2-4-18	6-2-4-19	6-2-4-20
1	人工	工日	1	6.0	1.8	1.2	2.4	0.4	1.2	0.2	0.3	3.0	1.2
2	螺栓	kg	240	–	–	–	–		–	–	–	–	–
3	膨胀螺栓	套	242	–	–	–	30.6	–	–	–	–	6.1	6.1
4	电线	m	711	–	–	–	–	–	–	–	–	51	20
5	环氧树脂	kg	746	–	–	–	–	–	–	–	–	–	–
6	其他材料费	元	996	2.0	2.0	2.0	3.1	2.0	2.0	1.5	0.4	2.8	2.0
7	混凝土电动切缝机	台班	1245	–	–	–	–	–	–	–	–	–	–
8	4t以内载货汽车	台班	1372	–	–	–	–	–	–	–	–	0.15	0.10
9	3t以内蓄电池车	台班	1416	–	–	–	–	–	–	–	–	–	–
10	10kN以内单筒慢动卷扬机	台班	1498	–	–	–	–	–	–	–	–	–	–
11	300kg以内液压升降机	台班	1560	–	–	–	–	–	–	–	–	0.50	–
12	小型机具使用费	元	1998	–	2.0	2.0	–	2.6	2.0	1.2	1.2	6.2	5.0
13	基价	元	1999	297	93	63	222	24	63	13	16	395	169

续前页

单位:1套

顺序号	项目	单位	代号	雾灯	隧道通行信号灯	信号灯控制机	机动车道信号灯	人行道信号灯	信号灯倒计时器	通行诱导信息板	环形线圈车辆检测器 单通道	环形线圈车辆检测器 双通道	车辆分离器
				21	22	23	24	25	26	27	28	29	30
				6-2-4-21	6-2-4-22	6-2-4-23	6-2-4-24	6-2-4-25	6-2-4-26	6-2-4-27	6-2-5-1	6-2-5-2	6-2-5-5
1	人工	工日	1	0.6	1.2	3.6	3.0	1.8	3.6	7.8	1.8	2.4	1.8
2	螺栓	kg	240	–	–	–	–	–	–	–	–	–	–
3	膨胀螺栓	套	242	4.1	6.1	–	6.1	6.1	6.1	8.2	–	–	16.3
4	电线	m	711	20	51	–	–	–	–	–	51	102	–
5	环氧树脂	kg	746	–	–	–	–	–	–	–	2.0	4.0	–
6	其他材料费	元	996	2.0	2.0	2.0	2.0	2.0	2.0	2.0	5.7	11.3	6.1
7	混凝土电动切缝机	台班	1245	–	–	–	–	–	–	–	0.50	0.75	–
8	4t 以内载货汽车	台班	1372	–	0.10	0.25	0.10	0.10	0.15	0.15	0.20	0.30	0.50
9	3t 以内蓄电池车	台班	1416	–	–	–	–	–	–	–	–	–	–
10	10kN 以内单筒慢动卷扬机	台班	1498	–	–	–	–	–	–	–	–	–	–
11	300kg 以内液压升降机	台班	1560	–	–	–	0.20	–	0.20	0.10	–	–	–
12	小型机具使用费	元	1998	4.0	5.7	18.9	6.2	5.4	6.2	11.2	10.0	16.3	22.7
13	基价	元	1999	102	252	271	221	145	265	476	426	725	318

续前页

单位:表列单位

顺序号	项目	单位	代号	超高检测器	视频车辆检测器	车型识别装置		车辆牌照识别装置	微波检测器	车位检测器	动态称重仪	便携式收费机	车道信息屏
						红外式	视频式						
				1套					1台	1端	1台	1套	
				31	32	33	34	35	36	37	38	39	40
				6-2-5-6	6-2-5-7	6-2-5-8	6-2-5-9	6-2-5-10	6-2-5-11	6-2-5-12	6-2-5-13	*6-2-1-1	*6-2-1-2
1	人工	工日	1	1.8	2.4	6.0	4.8	3.6	4.8	1.8	4.2	4.2	18.0
2	螺栓	kg	240	–	–	–	–	–	–	–	–	–	0.6
3	膨胀螺栓	套	242	16.3	8.2	32.6	8.2	8.2	12.2	–	32.6	–	–
4	电线	m	711	–	–	–	–	–	–	–	–	–	–
5	环氧树脂	kg	746	–	–	–	–	–	–	–	–	–	–
6	其他材料费	元	996	6.1	2.2	4.4	2.2	2.2	3.3	2.0	6.1	2.0	2.0
7	混凝土电动切缝机	台班	1245	–	–	–	–	–	–	–	–	–	–
8	4t以内载货汽车	台班	1372	0.25	0.50	0.15	–	–	0.25	0.20	0.25	–	0.50
9	3t以内蓄电池车	台班	1416	–	–	–	–	–	–	–	–	0.25	–
10	10kN以内单筒慢动卷扬机	台班	1498	–	–	–	–	–	–	–	–	–	–
11	300kg以内液压升降机	台班	1560	–	–	–	–	–	0.25	–	–	–	–
12	小型机具使用费	元	1998	22.7	50.5	33.0	50.5	44.3	26.8	6.8	33.0	14.3	81.7
13	基价	元	1999	245	345	484	316	251	399	156	427	261	1123

续前页

单位:表列单位

顺序号	项目	单位	代号	无线接入器	车道摄像机补光灯	现金传输主控器	亭内收发箱	站内接收箱	现金传输空气压缩机	投包机	非接触式IC卡	验钞机	警铃
				1套							1张	1套	
				41	42	43	44	45	46	47	48	49	50
				*6-2-1-3	*6-2-1-4	*6-2-1-5	*6-2-1-6	*6-2-1-7	*6-2-1-8	*6-2-1-9	*6-2-1-10	*6-2-1-11	*6-2-1-12
1	人工	工日	1	4.8	0.8	18.0	3.0	2.5	52.0	2.0	0.1	0.5	0.3
2	螺栓	kg	240	0.2	–	–	–	–	–	–	–	–	–
3	膨胀螺栓	套	242	–	–	–	–	–	–	–	–	–	–
4	电线	m	711	–	–	–	–	–	–	–	–	–	–
5	环氧树脂	kg	746	–	–	–	–	–	–	–	–	–	–
6	其他材料费	元	996	2.0	58.8	78.0	12.4	12.4	319.0	85.0	0.6	4.0	0.4
7	混凝土电动切缝机	台班	1245	–	–	–	–	–	–	–	–	–	–
8	4t以内载货汽车	台班	1372	–	–	0.50	–	–	–	–	–	–	–
9	3t以内蓄电池车	台班	1416	–	–	–	–	–	–	–	–	–	–
10	10kN以内单筒慢动卷扬机	台班	1498	–	–	–	–	–	0.30	–	–	–	–
11	300kg以内液压升降机	台班	1560	–	–	–	–	–	–	–	–	–	–
12	小型机具使用费	元	1998	14.6	10.5	81.0	12.0	12.0	65.0	35.0	1.2	11.2	1.2
13	基价	元	1999	255	109	1192	172	147	2963	218	7	40	16

2. 内部对讲和安全报警系统设备安装

工程内容:1)装调技术准备、装调机具准备和搬运、开箱、检查、定位、安装、互联、设备清理和清洗、接通电源、单机自检、接口正确性检查和调试、联机调试;2)电气调试、指标调试、清理现场;3)零配件配套、按说明书通电。

单位:1 套

顺序号	项目	单位	代号	报警控制器			有线对讲主机				对讲分机	紧急报警按钮	报警探测器	报警信号采集单元	报警信号解码单元	报警、对讲光端机
				8 路	32 路	64 路	8 路	16 路	32 路	64 路						
				1	2	3	4	5	6	7	8	9	10	11	12	13
				6-2-3-9	6-2-3-10	*6-2-2-1	6-2-3-11	6-2-3-12	*6-2-2-2	*6-2-2-3	*6-2-2-4	3-4-12-7	*6-2-2-5	*6-2-2-6	*6-2-2-7	6-2-2-18
1	人工	工日	1	8.0	14.0	17.0	6.0	9.0	13.5	20.2	0.5	0.9	1.4	1.9	3.9	7.2
2	其他材料费	元	996	7.1	28.4	54.5	0.1	0.3	0.6	1.0	–	7.3	2.3	3.2	2.0	2.0
3	光时域反射仪	台班	1950	–	–	–	–	–	–	–	–	–	–	–	–	0.75
4	小型机具使用费	元	1998	28.3	54.2	86.2	24.7	37.0	55.5	83.2	–	1.2	2.5	5.0	9.0	39.9
5	基价	元	1999	429	771	977	320	480	720	1078	25	53	74	102	203	945

3. 计算机及网络设备安装

工程内容:1)开箱检查、定位、机械安装、线缆连接、电气调试、指标测试、清理现场;2)零配件配套、按说明书通电;3)设备初验、检查基础、安装设备、调试设备、试运行;4)单机自检、接口正确性检查和调试、联机调试。

单位:1 套

顺序号	项目	单位	代号	专用服务器(含软件)	工作站(含软件)	综合大型控制台	路由器	集线器	以太网交换机			磁盘阵列
									10M、100M	100M、1000M	1000M	
				1	2	3	4	5	6	7	8	9
				6-2-1-1	6-2-1-2	6-2-1-3	6-2-1-4	6-2-1-5	6-2-1-6	6-2-1-7	6-2-1-8	6-2-1-9
1	人工	工日	1	18.0	6.0	24.0	3.6	0.6	4.2	6.0	8.4	18.0
2	其他材料费	元	996	54.6	26.4	2.0	2.0	2.0	2.0	2.0	2.0	370.1
3	4t 以内载货汽车	台班	1372	–	–	–	–	–	–	–	–	0.20
4	3t 以内蓄电池车	台班	1416	–	–	1.00	–	–	–	–	–	–
5	4t 以内内燃叉车	台班	1548	–	–	0.50	–	–	–	–	–	–
6	微机硬盘测试仪	台班	1954	–	–	–	–	–	–	–	–	2.00
7	网络分析仪	台班	1958	–	–	–	–	–	1.00	1.50	1.50	–
8	90kW 以内工程修理车	台班	1987	–	–	–	0.50	–	0.50	0.50	0.50	–
9	小型机具使用费	元	1998	26.7	8.2	73.1	95.6	9.2	124.2	159.0	159.0	17.6
10	基价	元	1999	967	330	1572	539	41	788	1008	1126	1599

续前页　　　　单位:表列单位

<table>
<tr><td rowspan="5">顺序号</td><td rowspan="5">项　　目</td><td rowspan="5">单位</td><td rowspan="5">代号</td><td rowspan="2">普通光盘</td><td rowspan="2">彩色扫描仪</td><td rowspan="2">网卡1000M</td><td rowspan="2">移动硬盘</td><td>光盘机</td><td rowspan="2">票据打印机</td><td rowspan="2">宽行打印机</td><td rowspan="2">网络打印机</td><td rowspan="2">激光打印机</td></tr>
<tr><td>DVD-R/RW</td></tr>
<tr><td colspan="2">1 套</td><td colspan="7">1 台</td></tr>
<tr><td>10</td><td>11</td><td>12</td><td>13</td><td>14</td><td>15</td><td>16</td><td>17</td><td>18</td></tr>
<tr><td>6-2-1-10</td><td>6-2-1-11</td><td>6-2-1-12</td><td>6-2-1-13</td><td>6-2-1-14</td><td>6-2-1-16</td><td>6-2-1-17</td><td>6-2-1-18</td><td>△6-2-1-19</td></tr>
<tr><td>1</td><td>人工</td><td>工日</td><td>1</td><td>1.2</td><td>1.8</td><td>1.0</td><td>0.5</td><td>0.5</td><td>0.5</td><td>2.0</td><td>2.0</td><td>0.5</td></tr>
<tr><td>2</td><td>其他材料费</td><td>元</td><td>996</td><td>131.0</td><td>6.0</td><td>1.9</td><td>–</td><td>14.1</td><td>4.0</td><td>105.1</td><td>40.3</td><td>54.7</td></tr>
<tr><td>3</td><td>4t 以内载货汽车</td><td>台班</td><td>1372</td><td>0.10</td><td>–</td><td>–</td><td>–</td><td>–</td><td>–</td><td>–</td><td>–</td><td>–</td></tr>
<tr><td>4</td><td>3t 以内蓄电池车</td><td>台班</td><td>1416</td><td>–</td><td>–</td><td>–</td><td>–</td><td>–</td><td>–</td><td>–</td><td>–</td><td>–</td></tr>
<tr><td>5</td><td>4t 以内内燃叉车</td><td>台班</td><td>1548</td><td>–</td><td>–</td><td>–</td><td>–</td><td>–</td><td>0.10</td><td>0.10</td><td>0.10</td><td>–</td></tr>
<tr><td>6</td><td>微机硬盘测试仪</td><td>台班</td><td>1954</td><td>–</td><td>–</td><td>–</td><td>–</td><td>–</td><td>–</td><td>–</td><td>–</td><td>–</td></tr>
<tr><td>7</td><td>网络分析仪</td><td>台班</td><td>1958</td><td>–</td><td>–</td><td>–</td><td>–</td><td>–</td><td>–</td><td>–</td><td>–</td><td>–</td></tr>
<tr><td>8</td><td>90kW 以内工程修理车</td><td>台班</td><td>1987</td><td>–</td><td>–</td><td>–</td><td>–</td><td>–</td><td>–</td><td>–</td><td>–</td><td>–</td></tr>
<tr><td>9</td><td>小型机具使用费</td><td>元</td><td>1998</td><td>8.2</td><td>1.0</td><td>34.8</td><td>8.7</td><td>10.4</td><td>11.2</td><td>37.3</td><td>58.4</td><td>18.6</td></tr>
<tr><td>10</td><td>基价</td><td>元</td><td>1999</td><td>228</td><td>96</td><td>86</td><td>33</td><td>49</td><td>73</td><td>274</td><td>230</td><td>98</td></tr>
</table>

续前页　　　　单位:表列单位

顺序号	项　目	单位	代号	彩色喷墨打印机(A3)	热传印打印机	打印机控制器	视频打印机	多功能一体机	入侵检测器	防火墙	密钥管理	电子标签编辑器
				1台			1套	1台	1套			
				19	20	21	22	23	24	25	26	27
				△6-2-1-20	△6-2-1-21	6-2-1-22	6-2-1-23	*6-2-3-1	*6-2-3-2	*6-2-3-3	*6-2-3-4	*6-2-3-5
1	人工	工日	1	0.3	0.2	1.0	1.8	2.0	2.0	2.0	8.0	4.8
2	其他材料费	元	996	42.6	53.3	56.6	2.0	508.2	23.0	–	54.6	2.0
3	4t以内载货汽车	台班	1372	–	–	–	–	–	–	–	–	–
4	3t以内蓄电池车	台班	1416	–	–	–	–	–	–	–	–	–
5	4t以内内燃叉车	台班	1548	–	–	–	–	–	–	–	–	–
6	微机硬盘测试仪	台班	1954	–	–	–	–	–	–	–	–	–
7	网络分析仪	台班	1958	–	–	–	–	–	–	–	–	–
8	90kW以内工程修理车	台班	1987	–	–	–	–	–	–	–	–	–
9	小型机具使用费	元	1998	37.9	43.5	17.4	12.3	65.9	50.0	52.3	26.7	8.2
10	基价	元	1999	95	107	123	103	673	171	151	475	246

4. 视频、音频控制设备安装

工程内容:1)开箱检查、定位、机械安装、线缆连接、电气调试、指标测试、清理现场;2)软件测试与安装;3)零配件配套、按说明书通电;4)设备初验、检查基础、安全设备、调试设备、试运行;5)搬运、清点设备、通电检查;6)摄像机含云台、防护罩、支架、支柱等辅助装置。

单位:表列单位

顺序号	项目	单位	代号	矩阵切换设备				多画面分割器(合成器)			音频、视频分配器	图像处理器	控制键盘	数字图像迭加器
				≤16 路	≤64 路	≤128 路	≤256 路	4 画面	16 画面	16 画面以上				
				1 台								1 套		
				1	2	3	4	5	6	7	8	9	10	11
				6-2-2-1	6-2-2-2	6-2-2-3	6-2-2-4	6-2-2-5	6-2-2-6	6-2-2-7	6-2-2-8	6-2-2-9	6-2-2-10	6-2-2-11
1	人工	工日	1	3.0	8.0	11.0	15.0	0.6	2.1	3.1	2.0	2.4	1.2	1.2
2	螺栓	kg	240	–	–	–	–	–	–	–	–	–	–	–
3	膨胀螺栓	套	242	–	–	–	–	–	–	–	–	–	–	–
4	其他材料费	元	996	0.4	0.5	0.5	0.5	2.3	3.8	4.2	0.3	2.0	2.0	2.0
5	4t 以内载货汽车	台班	1372	–	–	–	–	–	–	–	–	–	–	–
6	3t 以内蓄电池车	台班	1416	–	–	–	–	–	–	–	–	–	–	–
7	300kg 以内液压升降机	台班	1560	–	–	–	–	–	–	–	–	–	–	–
8	光纤熔接机	台班	1948	–	–	–	–	–	–	–	–	–	–	–
9	光时域反射仪	台班	1950	–	–	–	–	–	–	–	–	–	–	–
10	光纤测试仪	台班	1952	–	–	–	–	–	–	–	–	–	–	–
11	小型机具使用费	元	1998	95.1	202.5	265.1	265.1	–	–	–	15.0	17.0	3.1	39.9
12	基价	元	1999	243	597	807	1004	32	107	157	114	137	64	101

续前页

单位:表列单位

顺序号	项目	单位	代号	彩色监视器	监视器列架(2×2)	调制解调器	光端机				视频压缩编(解)码器	光纤收发器	光纤模块	视频补偿器
							数据光端机	视频数据光端机	单路视频光端机	多路视频复用机				
				1套										1台
				12	13	14	15	16	17	18	19	20	21	22
				6-2-2-12	6-2-2-13	6-2-2-14	6-2-2-15	6-2-2-16	6-2-2-17	6-2-2-18	6-2-2-19	6-2-2-20	6-2-2-21	6-2-2-22
1	人工	工日	1	0.6	3.0	0.6	2.4	4.8	6.0	7.2	7.8	1.2	0.6	1.5
2	螺栓	kg	240	–	–	–	–	–	–	–	–	–	–	–
3	膨胀螺栓	套	242	–	–	–	–	–	–	–	–	–	–	–
4	其他材料费	元	996	2.0	2.0	2.0	2.0	2.0	2.0	2.0	2.0	2.0	2.0	0.8
5	4t 以内载货汽车	台班	1372	–	–	–	–	–	–	–	–	–	–	–
6	3t 以内蓄电池车	台班	1416	–	0.50	–	–	–	–	–	–	–	–	–
7	300kg 以内液压升降机	台班	1560	–	–	–	–	–	–	–	–	–	–	–
8	光纤熔接机	台班	1948	–	–	–	–	–	–	–	–	–	–	–
9	光时域反射仪	台班	1950	–	–	–	0.20	0.30	0.50	0.75	1.00	–	–	–
10	光纤测试仪	台班	1952	–	–	–	–	–	–	–	–	0.25	0.15	–
11	小型机具使用费	元	1998	15.5	5.3	3.5	8.6	16.6	19.7	39.9	25.4	–	–	5.9
12	基价	元	1999	47	231	35	275	474	683	945	1143	143	81	81

续前页 单位:表列单位

顺序号	项目	单位	代号	视频传输设备		数字硬盘录像机		网络编解码器	CCD 彩色摄像机				高速智能球形摄像机	视频捕捉卡
				多路遥控发射设备	多路遥控接收设备	≤4 路	≤16 路		收费亭内	收费岛上	收费广场、主线	一般室内		
				1 台					1 套					1 张
				23	24	25	26	27	28	29	30	31	32	33
				6-2-2-23	6-2-2-24	6-2-2-31	6-2-2-32	6-2-2-33	6-2-8-1	6-2-8-2	6-2-8-3	6-2-8-5	6-2-8-6	*6-2-4-1
1	人工	工日	1	4.0	3.0	2.0	6.0	2.5	5.0	8.0	15.0	6.0	2.8	1.0
2	螺栓	kg	240	–	–	–	–	–	–	–	2.9	–	–	–
3	膨胀螺栓	套	242	–	–	–	–	–	4.1	10.2	10.2	8.2	–	–
4	其他材料费	元	996	0.5	0.5	–	–	113.8	2.0	2.6	4.2	2.0	1.9	1.9
5	4t 以内载货汽车	台班	1372	–	–	–	–	–	–	–	1.00	0.20	–	–
6	3t 以内蓄电池车	台班	1416	–	–	–	–	–	–	–	–	–	–	–
7	300kg 以内液压升降机	台班	1560	–	–	–	–	–	–	–	0.25	–	–	–
8	光纤熔接机	台班	1948	–	–	–	–	0.50	–	–	–	–	–	–
9	光时域反射仪	台班	1950	–	–	–	–	–	–	–	–	–	–	–
10	光纤测试仪	台班	1952	–	–	–	–	–	–	–	–	–	–	–
11	小型机具使用费	元	1998	46.1	32.2	45.9	137.6	128.9	13.8	26.6	70.7	14.8	44.5	34.8
12	基价	元	1999	243	180	144	433	457	275	456	1191	398	184	86

续前页

单位：表列单位

顺序号	项目	单位	代号	安调拾音器	控制码分配器	视频远端接入设备	本地节点接入设备	视频编解码设备	数字视频光传输平台	节点式光端机	音箱	设备连接电缆终接部件	外设接口电缆安装
				1台	1套						1台	1条	
				34	35	36	37	38	39	40	41	42	43
				*6-2-4-2	*6-2-4-3	*6-2-4-4	*6-2-4-5	*6-2-4-6	*6-2-4-7	*6-2-4-8	6-3-7-16	*6-2-4-9	*6-2-4-10
1	人工	工日	1	1.0	2.0	7.8	7.8	7.8	7.8	7.2	2.0	0.1	0.5
2	螺栓	kg	240	–	–	–	–	–	–	–	–	–	–
3	膨胀螺栓	套	242	–	–	–	–	–	–	–	–	–	–
4	其他材料费	元	996	3.0	0.3	2.0	2.0	2.0	2.0	2.0	102.0	–	74.5
5	4t 以内载货汽车	台班	1372	–	–	–	–	–	–	–	–	–	–
6	3t 以内蓄电池车	台班	1416	–	–	–	–	–	–	–	–	–	–
7	300kg 以内液压升降机	台班	1560	–	–	–	–	–	–	–	–	–	–
8	光纤熔接机	台班	1948	–	–	–	–	–	–	–	–	–	–
9	光时域反射仪	台班	1950	–	–	1.00	1.00	1.00	1.00	0.75	–	–	–
10	光纤测试仪	台班	1952	–	–	–	–	–	–	–	–	–	–
11	小型机具使用费	元	1998	0.5	15.0	25.4	25.4	25.4	25.4	39.9	30.5	–	15.1
12	基价	元	1999	53	114	1143	1143	1143	1143	945	231	5	114

5. 软 件 安 装

工程内容:软件测试与安装。

单位:1 套

顺序号	项目	单位	代号	软件(包括系统、应用软件)			联网收费结算中心软件
				站级	分中心级	中心级	
				1	2	3	4
				6-2-1-24	6-2-1-25	6-2-1-26	6-2-1-27
1	人工	工日	1	24.0	12.0	60.0	60.0
2	其他材料费	元	996	189.0	304.5	420.0	493.5
3	小型机具使用费	元	1998	24.7	37.0	49.3	61.7
4	基价	元	1999	1395	932	3421	3507

6. 系统互联与调试

工程内容：收费系统联调(工作准备、接口调试、系统调试、指标调试)。

单位：1 套

顺序号	项目	单位	代号	收费(分)中心			收费站				联网收费结算中心
				5 个站以内	10 个站以内	每增加1 个站	5 车道以内	10 车道以内	15 车道以内	每增加1 车道	
				1	2	3	4	5	6	7	8
				6-2-9-4	6-2-9-5	6-2-9-6	6-2-9-7	6-2-9-8	6-2-9-9	6-2-9-10	6-2-9-12
1	人工	工日	1	60.0	84.0	12.0	42.0	60.0	84.0	4.8	240.0
2	其他材料费	元	996	577.8	966.0	117.6	252.0	330.8	546.0	56.7	1905.5
3	90kW 以内工程修理车	台班	1987	10.00	20.00	2.00	–	–	–	–	–
4	小型机具使用费	元	1998	161.1	304.4	33.2	38.2	64.1	90.0	8.9	443.2
5	基价	元	1999	8972	15965	1797	2357	3347	4769	302	14157

7. 系统试运行

工程内容：工作准备、系统运行、指标测试、故障修复、系统验收。

单位：1 系统·月

顺序号	项目	单位	代号	5 个站以内	10 个站以内	15 个站以内	每增加 1 个站
				1	2	3	4
				6-2-10-1	6-2-10-2	6-2-10-3	6-2-10-4
1	人工	工日	1	120.0	180.0	240.0	18.0
2	其他材料费	元	996	425.3	455.4	850.5	95.2
3	90kW 以内工程修理车	台班	1987	5.00	7.50	10.00	1.00
4	小型机具使用费	元	1998	143.3	225.0	306.6	29.7
5	基价	元	1999	9113	13497	18246	1539

8. 附属配套设备安装

工程内容:开箱检查、设备初验、检查基础、定位安装、线缆连接、设备调试、指标测试、清理现场。

单位:表列单位

顺序号	项　　目	单位	代号	通行券编码器	标准机柜	
					BA123	19″
				1套	1台	
				1	2	3
				6-2-3-2	6-2-3-13	6-2-3-14
1	人工	工日	1	4.8	1.3	2.0
2	其他材料费	元	996	2.0	1.4	3.4
3	4t以内内燃叉车	台班	1548	–	0.20	0.50
4	小型机具使用费	元	1998	8.2	4.5	5.6
5	基价	元	1999	246	136	272

第二节　通信系统

说　明

1. 本节定额适用于通信系统工程，内容包括光电传输设备安装、程控交换设备安装、调试，紧急电话设备安装、调试，有线广播设备安装，有线电视系统设备安装，会议电视专用设备安装，微波通信系统的安装、调试，无线通信系统的安装、调试，系统互联与调试、系统试运行等项目。

2. 安装电缆走线架定额中，不包括通过沉降（伸缩）缝和要做特殊处理的内容，需要时按有关定额另行计算。

3. 布放电缆定额只适用于在电缆走道、槽道及机房内地槽中布放。

4. 2.5Gb/s 系统的 ADM 分插复用器，分插支路是按 8 个 155Mb/s（或 140Mb/s）光口或电口考虑的，当支路数超过 8 个时，每增加 1 个 155Mb/s（或 140Mb/s）支路增加 2 个工日。

5. 通信铁塔的安装是按在正常的气象条件下施工确定的，定额中不包括铁塔基础施工、预埋件埋设及防雷接地工程等内容，需要时按有关定额另行计算。

6. 安装通信天线，不论有无操作平台均执行本定额；安装天线的高度均指天线底部距塔（杆）座的高度。

7. 新增补充定额采用“ * ”标记。在光电传输设备安装，程控交换机安装、调试，有线电视系统设备安装，会议电视专用设备安装，外围设备安装、调试等系统中分别增补，并增加了通信系统互联与调试和系统试运行两项。

8. 对于原有定额进行修改的采用“△”标记。

1. 光电传输设备安装

工程内容：安装光端机机架及分配架：开箱检验、清洁搬运、画线定位、机架组装、安装加固。　放绑软光纤：软光纤的量裁、放绑、预留保护、制作光纤活接头。　数字分配架布放跳线：数字分配架跳线布放、焊（绕、卡）接、核对、改接（带电）整理、试通。　安装调测系统：开箱检验、清洁搬运，设备安装固定、设备自检、设备各项性能指标测试、修改数据、试通调测。　系统运行试验：系统运行试验，记录数据，整理资料。　制作安装抗振机座：抗振机座的制作安装。　放绑电缆：取料、搬运、测试、量裁、布放、编绑、整理。　母线敷设：接地线平直、下料、测位、打眼、埋卡子、煨弯、敷设、焊接、防腐处理。　安装音频保安配线箱：开箱检验、清洁搬运、固定箱体、箱内件组装、接地线。　安装电缆走线架：搬运、组装、打孔、补漆、安装固定。　安装总配线架：开箱检验，清洁搬运、安装固定、安装端子板、告警信号装置、调整清理。

单位：表列单位

<table>
<tr><td rowspan="5">顺序号</td><td rowspan="5">项　目</td><td rowspan="5">单位</td><td rowspan="5">代号</td><td rowspan="2">安装光端机机架</td><td rowspan="2">安装数字分配架</td><td rowspan="2">安装光分配架</td><td rowspan="2">放、绑软光纤</td><td rowspan="2">数字分配架布放跳线</td><td rowspan="2">安装调测子网管理系统</td><td rowspan="2">安装调测本地维护终端</td><td rowspan="2">数字公务系统运行试验</td><td>SDH 网管系统运行试验</td></tr>
<tr><td>子网管理系统</td></tr>
<tr><td colspan="2">1 架</td><td>1 个</td><td>1 条</td><td>100 条</td><td colspan="2">1 站</td><td>1 系统/站</td><td>1 站</td></tr>
<tr><td>1</td><td>2</td><td>3</td><td>4</td><td>5</td><td>6</td><td>7</td><td>8</td><td>9</td></tr>
<tr><td>6-3-1-1</td><td>6-3-1-2</td><td>6-3-1-3</td><td>6-3-1-4</td><td>6-3-1-5</td><td>6-3-1-6</td><td>6-3-1-7</td><td>6-3-1-8</td><td>6-3-1-9</td></tr>
<tr><td>1</td><td>人工</td><td>工日</td><td>1</td><td>3.0</td><td>8.0</td><td>1.0</td><td>0.7</td><td>4.0</td><td>95.0</td><td>12.0</td><td>4.0</td><td>30.0</td></tr>
<tr><td>2</td><td>电缆</td><td>m</td><td>708</td><td>-</td><td>-</td><td>-</td><td>-</td><td>-</td><td>-</td><td>-</td><td>-</td><td>-</td></tr>
<tr><td>3</td><td>母线</td><td>m</td><td>709</td><td>-</td><td>-</td><td>-</td><td>-</td><td>-</td><td>-</td><td>-</td><td>-</td><td>-</td></tr>
<tr><td>4</td><td>电线</td><td>m</td><td>711</td><td>-</td><td>-</td><td>-</td><td>-</td><td>-</td><td>-</td><td>-</td><td>-</td><td>-</td></tr>
</table>

续前页

单位:表列单位

顺序号	项目	单位	代号	安装光端机机架	安装数字分配架	安装光分配架	放、绑软光纤	数字分配架布放跳线	安装调测子网管理系统	安装调测本地维护终端	数字公务系统运行试验	SDH 网管系统运行试验 子网管理系统
				1 架		1 个	1 条	100 条	1 站		1 系统/站	1 站
				1	2	3	4	5	6	7	8	9
				6-3-1-1	6-3-1-2	6-3-1-3	6-3-1-4	6-3-1-5	6-3-1-6	6-3-1-7	6-3-1-8	6-3-1-9
5	配线箱	套	726	–	–	–	–		–	–	–	–
6	其他材料费	元	996	19.4	19.4	19.4	–	–	–	–	–	–
7	32kV·A 以内交流电弧焊机	台班	1726	–	–	–	–	–	–	–	–	–
8	误码率测试仪	台班	1955	–	–	–	–	–	–	–	–	–
9	小型机具使用费	元	1998	–	–	–	–	–	–	–	–	–
10	基价	元	1999	167	413	69	34	197	4674	590	197	1476

续前页

单位:表列单位

顺序号	项目	单位	代号	SDH网管系统运行试验 本地维护终端	数字线路段光端对测(端站)	光电测试中间站配合	安装测试光端机(支路系统)	安装测试复用电端机	PCM终端机安装	PCM终端机调试	制作安装抗震机座	放、绑设备电缆
				1站	1系统/线路段	1站	1端		1套		1个	100m条
				10	11	12	13	14	15	16	17	18
				6-3-1-10	6-3-1-11	6-3-1-12	6-3-1-13	6-3-1-14	6-3-1-15	6-3-1-16	6-3-1-17	6-3-1-18
1	人工	工日	1	10.0	6.0	10.0	3.0	3.0	1.6	5.0	2.5	1.9
2	电缆	m	708	–	–	–	–	–	–	–	–	101
3	母线	m	709	–	–	–	–	–	–	–	–	–
4	电线	m	711	–	–	–	–	–	–	–	–	–
5	配线箱	套	726	–	–	–	–	–	–	–	–	–
6	其他材料费	元	996	–	–	–	–	–	10.0	–	–	–
7	32kV·A以内交流电弧焊机	台班	1726	–	–	–	–	–	–	–	–	–
8	误码率测试仪	台班	1955	–	–	–	–	–	–	2.00	–	–
9	小型机具使用费	元	1998	–	–	–	–	–	19.7	51.4	–	–
10	基价	元	1999	492	295	492	148	148	108	508	123	4126

续前页

单位:表列单位

顺序号	项目	单位	代号	放、绑同轴电缆	户内接地母线敷设	安装音频配线箱	安装电缆走线架	安装测试 ADM 端机 2.5Gb/s		安装测试 ADM 端机	
								终端复用	分插复用	2/155Mb/s 跳级复用	155Mb/s 终端复用器
				100m 条	10m	1 个	1m	1 端			
				19	20	21	22	23	24	25	26
				6-3-1-19	6-3-1-20	6-3-1-21	6-3-1-22	6-3-1-23	6-3-1-24	6-3-1-25	6-3-1-26
1	人工	工日	1	1.6	1.4	2.5	0.5	31.0	21.0	28.0	30.0
2	电缆	m	708	101	–	–	–	–	–	–	–
3	母线	m	709	–	10	–	–	–	–	–	–
4	电线	m	711	–	–	72	–	–	–	–	–
5	配线箱	套	726	–	–	1	–	–	–	–	–
6	其他材料费	元	996	–	–	–	–	–	–	–	–
7	32kV·A 以内交流电弧焊机	台班	1726	–	0.11	–	–	–	–	–	–
8	误码率测试仪	台班	1955	–	–	–	–	–	–	–	–
9	小型机具使用费	元	1998	–	–	–	–	–	–	–	–
10	基价	元	1999	4112	224	360	25	1673	1033	1378	1476

续前页

单位:表列单位

顺序号	项目	单位	代号	安装测试再生中继		安装调测 OLT 机(安装调测环载局端机)	安装调测 ONU 机(安装调测环载远端机)	安装测试网管设备	安装总配线架	计算机桌	彩色喷墨打印机	安装调测 ATM 接入设备	安装调测 TM 接入设备	安装熔配单元
				2 系统/架	每增加一系统									
				1 端		1 套			1 架	1 套	1 台	1 套		1 个
				27	28	29	30	31	32	33	34	35	36	37
				6-3-1-27	6-3-1-28	6-3-1-29	6-3-1-30	6-3-1-31	6-3-1-32	*6-3-1-1	△6-2-1-20	*6-3-1-2	*6-3-1-3	*6-3-1-4
1	人工	工日	1	10.0	4.0	79.5	35.0	35.0	8.6	1.2	0.3	21.0	34.0	0.5
2	电缆	m	708	–	–	–	–	–	–	–	–	–	–	–
3	母线	m	709	–	–	–	–	–	–	–	–	–	–	–
4	电线	m	711	–	–	–	–	–	–	–	–	–	–	–
5	配线箱	套	726	–	–	–	–	–	–	–	–	–	–	–
6	其他材料费	元	996	19.4	–	–	–	–	–	2.0	42.6	–	–	10.0
7	32kV·A 以内交流电弧焊机	台班	1726	–	–	–	–	–	–	–	–	–	–	–
8	误码率测试仪	台班	1955	–	–	–	–	–	–	–	–	–	–	–
9	小型机具使用费	元	1998	–	–	–	–	–	–	2.0	37.9	–	–	–
10	基价	元	1999	511	197	3911	1722	1722	423	63	95	1033	1673	35

注:1. 数字分配架跳线的规格数量由设计计算;

2. 电缆走线架按成套供应考虑,适用于角钢、铝型材结构;

3. 本定额中测试 2.5Gb/s 系统为 1 +0 状态,当系统为 1 +1 状态时,2.5Gb/s 系统终端复用器(TM)每端增加 2 个工日;分插复用器每端增加 4 个工日;

4. 155Mb/s 系统终端复用器高速侧接光口,若接电口时,使用 2/155Mb/s 跳级复用子目。

2. 程控交换机安装、调试

工程内容:程控交换机的硬件及软件安装、调试与开通。

单位:表列单位

顺序号	项　　目	单位	代号	程控交换机规格(用户线)					DTMF 话机	传真机
				300 以内	500 以内	1000 以内	2000 以内	2000 用户线以上,每增加1000 线		
				1 部					1 台	
				1	2	3	4	5	6	7
				6-3-2-1	6-3-2-2	6-3-2-3	6-3-2-4	6-3-2-5	*6-3-2-1	*6-3-2-2
1	人工	工日	1	70.0	93.0	148.0	178.0	80.0	0.5	1.8
2	其他材料费	元	996	55.4	57.8	62.6	70.4	25.1	–	–
3	PCM 通道测试仪	台班	1956	6.00	8.00	12.00	16.00	12.00	–	–
4	小型机具使用费	元	1998	482.1	642.8	964.2	1285.6	964.2	–	10.1
5	基价	元	1999	6271	8329	12888	16220	9505	25	99

3. 紧急电话设备安装、调试

工程内容：开箱检查、定位、机械安装、线缆连接、电气调试、指标测试、清理现场。

单位：表列单位

顺序号	项目	单位	代号	紧急电话			紧急电话控制中心	分线盒/接线箱
				电缆传输	光缆传输	无线传输		
				1部			1套	
				1	2	3	4	5
				6-3-5-1	6-3-5-2	6-3-5-3	6-3-5-4	6-3-5-5
1	人工	工日	1	2.4	3.0	4.8	12.0	2.4
2	螺栓	kg	240	0.2	0.2	0.2	–	–
3	膨胀螺栓	套	242	–	–	–	–	4.1
4	其他材料费	元	996	2.0	2.0	2.0	200.6	2.0
5	4t以内载货汽车	台班	1372	0.50	0.50	0.50	1.00	–
6	3t以内蓄电池车	台班	1416	–	–	–	0.50	–
7	光纤测试仪	台班	1952	–	0.50	–	1.00	–
8	小型机具使用费	元	1998	15.3	14.6	14.6	58.3	35.7
9	基价	元	1999	284	478	402	1549	169

4. 有线广播设备安装

工程内容:专用麦克风:开箱检验、做传声器输入插头。 功率放大器:开箱检查、设备上机柜组装、设备间输入/输出电平适配、设备间连接线的平衡非平衡选择、输出/输入阻抗适配、输入/输出端子插头连接线正负与地的辨别、供给电源。 卡座:开箱检验、做安装输入插头、上机柜、电源供电和其他设备连接。 扬声器:开箱检查设备外观和阻抗、找相位、按设计坐标方位悬挂。 紧急广播主控设备安装调试:开箱检查、设备间联线、设备上机柜组装、设备间输入/输出电平优选配接、设备间输入/输出阻抗优选配接、供给电源。 设备使用功能数:对于广播系统中采用的设备使用功能进行测试和调整。

单位:表列单位

顺序号	项目	单位	代号	专用麦克风	功率放大器	卡座	扬声器	紧急广播主控设备安装调试			
								数字调谐器	多媒体广播工控机	编程控制器	混音器
				1个	1台						
				1	2	3	4	5	6	7	8
				6-3-6-1	6-3-6-2	6-3-6-3	6-3-6-4	6-3-6-5	6-3-6-6	6-3-6-7	6-3-6-8
1	人工	工日	1	0.4	0.5	0.5	0.3	0.5	1.5	1.0	1.0
2	屏蔽线	m	710	–	12	–	–	–	–	–	–
3	其他材料费	元	996	5.0	24.7	2.3	5.0	2.3	5.0	3.0	3.0
4	小型机具使用费	元	1998	0.5	1.2	1.2	0.5	0.5	0.5	0.5	0.5
5	基价	元	1999	25	73	28	20	27	79	53	53

续前页

单位:表列单位

<table>
<tr><td rowspan="5">顺序号</td><td rowspan="5">项　　目</td><td rowspan="5">单位</td><td rowspan="5">代号</td><td colspan="8">紧急广播主控设备安装调试</td></tr>
<tr><td>定压功率放大器</td><td>带前置放大器定压功率放大器</td><td>紧急广播切换器</td><td>主电源控制器</td><td>机柜通风散热装置</td><td>广播控制台</td><td>广播接线箱</td><td>设备使用功能数</td></tr>
<tr><td colspan="7">1 台</td><td>1 个</td></tr>
<tr><td>9</td><td>10</td><td>11</td><td>12</td><td>13</td><td>14</td><td>15</td><td>16</td></tr>
<tr><td>6-3-6-9</td><td>6-3-6-10</td><td>6-3-6-11</td><td>6-3-6-12</td><td>6-3-6-13</td><td>6-3-6-14</td><td>6-3-6-15</td><td>6-3-6-16</td></tr>
<tr><td>1</td><td>人工</td><td>工日</td><td>1</td><td>0.5</td><td>0.5</td><td>0.5</td><td>0.5</td><td>0.5</td><td>1.0</td><td>1.5</td><td>2.0</td></tr>
<tr><td>2</td><td>屏蔽线</td><td>m</td><td>710</td><td>-</td><td>-</td><td>-</td><td>-</td><td>-</td><td>-</td><td>-</td><td>-</td></tr>
<tr><td>3</td><td>其他材料费</td><td>元</td><td>996</td><td>1.0</td><td>3.0</td><td>5.0</td><td>3.0</td><td>1.0</td><td>3.0</td><td>4.0</td><td>-</td></tr>
<tr><td>4</td><td>小型机具使用费</td><td>元</td><td>1998</td><td>0.5</td><td>0.5</td><td>0.5</td><td>0.5</td><td>0.5</td><td>0.5</td><td>1.0</td><td>5.6</td></tr>
<tr><td>5</td><td>基价</td><td>元</td><td>1999</td><td>26</td><td>28</td><td>30</td><td>28</td><td>26</td><td>53</td><td>79</td><td>104</td></tr>
</table>

5. 会议电视专用设备安装

工程内容:会议专用设备:搬运、开箱、检查设备、定位、安装。　编程控制器、混音器:开箱检查、设备间联线、设备上机柜组装、设备间输入/输出设备电平优选配接、设备间输入/输出阻抗优选配接、供给电源。　电子白板:开箱检验、零部件配套、通电检查、调试。　等离子显示屏:装调技术准备、装调机具准备、电源检测和施工安全防护、搬运、开箱、检查、定位、安装、互换、设备清理和清洗、接通电源、单机自检、接口正确性检查和调试、联机调试。　流媒体课程直录/播机:开箱检验、固定、安装、接线、通电检查、调试。　调音台:开箱检验、做安装信号源设备输入插头、接电缆、电源供电和其他辅助设备连接线。　音箱:开箱检查设备外观和阻抗、找相位、按设计坐标方位悬挂。　球形摄像机、数字硬盘录像机、彩色监视器、PC 后台电脑、编辑导演设备、会议电视软件:开箱检查、定位、机械安装、线缆连接、电气调试、指标测试、清理现场;软件测试与安装。　功率放大器:开箱检查、设备上机柜组装、设备间输入/输出电平适配、设备间连接线的平衡非平衡选择、输出/输入阻抗适配、输入/输出端子插头连接线正负与地的辨别、供给电源。　专用麦克风:开箱检验、做传声器输入插头。　会议终端、高清视讯交换平台 MCU:开箱检验、零部件配套、通电检查。

单位:表列单位

顺序号	项　目	单位	代号	会议主控机	主席机	代表机	电子通道选择器	音频媒体接口机	发卡主机	席位扩展单元	会议专用主控 PC 机	编程控制器	混音器
				1 台									
				1	2	3	4	5	6	7	8	9	10
				6-3-7-1	6-3-7-2	6-3-7-3	6-3-7-4	6-3-7-5	6-3-7-6	6-3-7-7	6-3-7-8	6-3-7-9	6-3-7-10
1	人工	工日	1	1.0	1.0	1.0	0.3	0.3	0.3	0.3	1.5	1.0	1.0
2	镀锌螺栓	kg	241	–	–	–	–	–	–	–	–	–	–
3	屏蔽线	m	710	–	–	–	–	–	–	–	–	–	–
4	其他材料费	元	996	2.0	3.0	3.0	1.0	2.0	2.0	1.0	5.0	3.0	3.0
5	小型机具使用费	元	1998	0.5	0.5	0.5	0.5	0.5	0.5	0.5	0.5	0.5	0.5
6	基价	元	1999	52	53	53	16	17	17	16	79	53	53

续前页

单位:表列单位

顺序号	项目	单位	代号	电子白板(前投影式)	等离子显示屏摆放>51″	等离子显示屏壁挂>51″	流媒体课程直录/播机	调音台	音箱	球形摄像机	数字硬盘录像机 ≤16路	功率放大器	彩色监视器
				1套	1台		1套	1台		1套	1台		1套
				11	12	13	14	15	16	17	18	19	20
				6-3-7-11	6-3-7-12	6-3-7-13	6-3-7-14	6-3-7-15	6-3-7-16	6-2-8-6	6-2-2-32	6-3-6-2	6-2-2-12
1	人工	工日	1	4.0	0.8	2.0	12.0	5.3	2.0	2.8	6.0	0.5	0.6
2	镀锌螺栓	kg	241	–	–	0.1	–	–	–	–	–	–	–
3	屏蔽线	m	710	–	–	–	–	6	–	–	–	12	–
4	其他材料费	元	996	3.0	17.2	17.2	5.0	237.5	102.0	1.9	–	24.7	2.0
5	小型机具使用费	元	1998	2.8	8.8	18.8	–	16.0	30.5	44.5	137.6	1.2	15.5
6	基价	元	1999	203	65	136	595	526	231	184	433	73	47

续前页

单位:表列单位

顺序号	项目	单位	代号	专用麦克风	会议终端	高清视讯交换平台 MCU	PC 后台电脑	编辑导演设备	会议电视软件
				1个	1台	1套			
				21	22	23	24	25	26
				6-3-6-1	*6-3-5-1	*6-3-5-2	*6-3-5-3	*6-3-5-4	*6-3-5-5
1	人工	工日	1	0.4	4.0	24.0	6.0	6.0	13.0
2	镀锌螺栓	kg	241		–	–	–	–	–
3	屏蔽线	m	710	–	–	–	–	–	–
4	其他材料费	元	996	5.0	11.0	152.4	26.4	26.4	251.0
5	小型机具使用费	元	1998	0.5	–	–	8.2	8.2	63.3
6	基价	元	1999	25	208	1333	330	330	954

6. 有线电视系统设备安装、测试

工程内容:1)光发射机:开箱检查、安装固定、熔接光缆光纤、制作射频接头、接线,调测记录,整理调测记录,填写调测报告;2)光接收机、光放大器:开箱检验、清理、组装保护箱(地面)、安装紧固、组装内件、固定尾纤(尾缆)、接地、加接电源、调试设备、标记等;3)光分路器、同轴分配系统设备:检查器件、清理端口、清理暗盒、做接头、整理布线、调试等;4)终端:安装、连线、试验、开通。

单位:表列单位

顺序号	项目	单位	代号	光发射机	光接收机	光分路器	光放大器	同轴分配系统设备	终端
				1台		1个		1套	1台
				1	2	3	4	5	6
				*6-3-6-1	*6-3-6-2	*6-3-6-3	*6-3-6-4	*6-3-6-5	6-3-4-1
1	人工	工日	1	5.0	0.8	0.2	4.0	0.2	3.0
2	其他材料费	元	996	–	50.8	1.5	0.3	1.5	–
3	光时域反射仪	台班	1950	2.50	0.40	–	1.20	–	–
4	光功率计	台班	1951	2.50	0.40	–	1.20	–	–
5	频谱分析仪	台班	1959	1.50	–	–	–	–	–
6	场强仪	台班	1960	–	0.40	–	1.20	–	–
7	小型机具使用费	元	1998	–	–	–	–	–	12.3
8	基价	元	1999	3015	440	11	1246	11	160

7. 中继线调试

工程内容：中继设置、中继分配、类型划分、本机自环和功能调试。

单位:30 路

顺序号	项目	单位	代号	模拟中继	数字中继				
					1 号信令	7 号信令	Q 信令	ETSI	仿其他
				1	2	3	4	5	6
				6-3-3-1	6-3-3-2	6-3-3-3	6-3-3-4	6-3-3-5	6-3-3-6
1	人工	工日	1	10.0	16.0	20.0	16.0	18.0	12.0
2	其他材料费	元	996	0.6	0.6	0.6	0.6	0.6	0.6
3	PCM 通道测试仪	台班	1956	–	4.00	6.00	8.00	8.00	4.00
4	信令分析仪	台班	1957	–	4.00	6.00	–	–	–
5	小型机具使用费	元	1998	169.7	321.4	482.1	642.8	642.8	321.4
6	基价	元	1999	662	4144	6019	4484	4582	2439

8. 外围设备安装、调试

工程内容:安装、连线、试验、开通。

单位:1 台

顺序号	项目	单位	代号	终端	数字话机或其他接口	电脑话务员	话务台	远程维护	计费系统（含微机及打印机）	语音信箱设备	通信接口板
				1	2	3	4	5	6	7	8
				6-3-4-1	6-3-4-2	6-3-4-3	6-3-4-4	6-3-4-5	6-3-4-6	6-3-4-7	*6-3-8-1
1	人工	工日	1	3.0	2.5	3.0	3.0	3.0	12.0	16.0	2.5
2	其他材料费	元	996	–	10.3	–	8.3	–	76.3	76.3	10.3
3	小型机具使用费	元	1998	12.3	12.3	12.3	12.3	12.3	61.7	24.7	12.3
4	基价	元	1999	160	146	160	168	160	728	888	146

9. 微波通信设备安装

工程内容:机架安装:线缆连接、接地线、加电检查、清理现场。 微波设备安装:室外固定微波设备、接天馈线、接地线、接电源线、现场丈量、制作与安装中频电缆、室内固定微波设备。 图像编(解)码器:图像编(解)码设备安装连接。 中继站设备:中继站设备安装。

单位:1 套

顺序号	项　目	单位	代号	机架	微波设备	图像编(解)码器	中继站设备	
							上下业务	无上下业务
				1	2	3	4	5
				6-3-8-1	6-3-8-2	6-3-8-3	6-3-8-4	6-3-8-5
1	人工	工日	1	5.0	9.0	1.0	25.0	21.0
2	其他材料费	元	996	10.0	10.0	10.0	10.0	10.0
3	小型机具使用费	元	1998	-	313.5	34.8	522.5	522.5
4	基价	元	1999	256	766	94	1763	1566

10. 微波通信设备调试

工程内容:加电检查、设备自检、测输出功率、频率设置、射频自环、中频自环、检查切换、勤务和网管功能;话音、调度电话、数据、传真等业务功能检查;图像编(解)码器参数设置等。

单位:1 套

顺序号	项目	单位	代号	微波设备(1+1)	数字图像编(解)码器	中继站设备	
						上下业务	无上下业务
				1	2	3	4
				6-3-9-1	6-3-9-2	6-3-9-3	6-3-9-4
1	人工	工日	1	16.0	3.0	35.0	23.0
2	频谱分析仪	台班	1959	1.00	–	1.50	1.50
3	微波频率计	台班	1970	1.00	–	1.50	1.50
4	小型机具使用费	元	1998	71.5	33.5	574.7	88.8
5	基价	元	1999	1512	181	3277	2201

11. 微波通信系统联调

工程内容：系统开通、精确调整天线方位和俯仰、系统网管调试及检查各站网管功能；话音、调度电话、数据、传真等业务开通；图像传输业务开通等。

单位：1站

顺序号	项　目	单位	代号	2个站	每增加1个站	网管系统	
						2个站以下	每增加1个站
				1	2	3	4
				6-3-10-1	6-3-10-2	6-3-10-3	6-3-10-4
1	人工	工日	1	18.0	4.0	8.0	1.0
2	70kW以内工程修理车	台班	1986	–	–	4.00	0.50
3	小型机具使用费	元	1998	24.7	34.8	104.5	4.5
4	基价	元	1999	910	232	2112	255

12. 微波通信全电路稳定性能测试

工程内容:全电路试运行 30d、业务信息通信试验、记录数据、整理资料等。

单位:1 站

顺序号	项目	单位	代号	2 个站以下	每增加 1 个站
				1	2
				6-3-11-1	6-3-11-2
1	人工	工日	1	540.0	30.0
2	误码率测试仪	台班	1955	60.00	3.00
3	70kW 以内工程修理车	台班	1986	10.00	0.50
4	小型机具使用费	元	1998	943.2	47.2
5	基价	元	1999	37861	2041

13. 基站设备安装

工程内容：开箱检查、设备就位、接地线、设备连线、接电源线、接天馈线、清理现场。　中心站：连接天线、馈线，安装微波收发信机(1+1)、话务控制逻辑(1+1)、接口单元、显示告警、电源。　中继站：连接天线、馈线，安装微波收发信机(1+1)、中继控制器(1+1)、接口单元、电源。　外围站：连接天线、馈线，安装微波收发信机(1+1)、话务控制逻辑、接口单元、电源。

单位：1 站

顺序号	项　目	单位	代号	中心站	中继站	外围站
				1	2	3
				6-3-12-1	6-3-12-2	6-3-12-3
1	人工	工日	1	4.0	3.0	2.0
2	70kW 以内工程修理车	台班	1986	2.00	2.00	1.00
3	小型机具使用费	元	1998	88.2	82.0	88.2
4	基价	元	1999	1092	1037	590

14. 基站设备调试

工程内容:中心站:加电检查、测试电源输出、测试发信机功率、接收电平、调试话务控制逻辑、接口单元、显示告警、切换功能。中继站:加电检查、测试电源输出、测试发信机功率、接收电平、调试中继控制器、接口单元、切换功能。　外围站:加电检查、测试电源输出、测试发信机功率、接收电平、调试话务控制逻辑、接口单元、显示告警。

单位:1 站

顺序号	项　目	单位	代号	中　心　站		中继站	外围站
				有交换	无交换		
				1	2	3	4
				6-3-13-1	6-3-13-2	6-3-13-3	6-3-13-4
1	人工	工日	1	6.0	5.0	4.0	4.0
2	误码率测试仪	台班	1955	3.00	3.00	-	-
3	小型机具使用费	元	1998	116.8	116.8	-	-
4	基价	元	1999	728	678	197	197

15. 无线通信系统联调

工程内容:系统开通,中继站、外围站精确调整天线方位俯仰,测试系统误码性能,接通各种业务信息。

单位:1 站

顺序号	项目	单位	代号	中心站		中继站	外围站
				有交换	无交换		
				1	2	3	4
				6-3-14-1	6-3-14-2	6-3-14-3	6-3-14-4
1	人工	工日	1	8.0	6.0	5.0	5.0
2	误码率测试仪	台班	1955	6.00	6.00	–	–
3	小型机具使用费	元	1998	221.3	221.3	–	–
4	基价	元	1999	1246	1148	246	246

16. 基站全电路稳定性能测试

工程内容:全电路试运行30d、业务信息通信试验、记录数据、整理资料。

单位:1站

顺序号	项目	单位	代号	中心站	中继站	外围站
				1	2	3
				6-3-15-1	6-3-15-2	6-3-15-3
1	人工	工日	1	90.0	45.0	45.0
2	误码率测试仪	台班	1955	10.00	–	–
3	小型机具使用费	元	1998	471.6	–	–
4	基价	元	1999	5952	2214	2214

17. 通信铁塔架设

工程内容:现场准备、起吊、组装、调整、防腐处理。

单位:1t

顺序号	项目	单位	代号	地面通信铁塔高度(m)			
				25 以内	65 以内	100 以内	100 以上,每增加 10
				1	2	3	4
				6-3-16-1	6-3-16-2	6-3-16-3	6-3-16-4
1	人工	工日	1	16.0	20.0	46.0	20.0
2	其他材料费	元	996	10.6	15.0	14.0	5.8
3	50kN 以内单筒慢动卷扬机	台班	1500	2.00	3.00	4.50	1.00
4	基价	元	1999	997	1298	2725	1089

注:铁塔的费用按设计列入设备购置费中。

18. 天 线 架 设

工程内容：天线和天线架的安装及吊装，天线安装就位、调整方位和俯仰角、补漆、吊装设备的安装、拆除。

单位：表列单位

<table>
<tr><td rowspan="6">顺序号</td><td rowspan="6">项　目</td><td rowspan="6">单位</td><td rowspan="6">代号</td><td colspan="5">φ3.2m 以下抛物面天线地面铁塔上吊装</td></tr>
<tr><td colspan="3">吊装，天线挂高(m)</td><td rowspan="2">天线加边加罩</td><td rowspan="2">分瓣天线拼装</td></tr>
<tr><td>30 以内</td><td>70 以内</td><td>70 以上，每增加 10</td></tr>
<tr><td colspan="3">1 副</td><td>1 面</td><td>1 副</td></tr>
<tr><td>1</td><td>2</td><td>3</td><td>4</td><td>5</td></tr>
<tr><td>6-3-17-1</td><td>6-3-17-2</td><td>6-3-17-3</td><td>6-3-17-4</td><td>6-3-17-5</td></tr>
<tr><td>1</td><td>人工</td><td>工日</td><td>1</td><td>21.0</td><td>48.0</td><td>7.0</td><td>2.5</td><td>2.5</td></tr>
<tr><td>2</td><td>其他材料费</td><td>元</td><td>996</td><td>5.6</td><td>5.6</td><td>1.4</td><td>-</td><td>-</td></tr>
<tr><td>3</td><td>50kN 以内单筒慢动卷扬机</td><td>台班</td><td>1500</td><td>1.00</td><td>2.20</td><td>1.50</td><td>-</td><td>-</td></tr>
<tr><td>4</td><td>基价</td><td>元</td><td>1999</td><td>1138</td><td>2586</td><td>495</td><td>123</td><td>123</td></tr>
</table>

注：天线配套件连同天线一并列入设备购置费中。

19. 馈 线 安 装

工程内容:开箱检验,清洁、丈量配对,波导管吊装、馈线调整加固。

单位:1 条

顺序号	项　　目	单位	代号	矩形波导		椭圆形波导	
				安装馈线长度(m)			
				10 以内	10 以上,每增加 5	10 以内	10 以上,每增加 5
				1	2	3	4
				6-3-18-1	6-3-18-2	6-3-18-3	6-3-18-4
1	人工	工日	1	2.5	0.8	3.0	1.0
2	其他材料费	元	996	0.6	0.6	0.6	0.6
3	基价	元	1999	124	40	148	50

20. 天线、馈线调试

工程内容：调试天线接收场强电平及天线驻波比，测试馈线损耗、极化去耦、驻波比，测试调整系统极化去耦。

单位：表列单位

顺序号	项　　目	单位	代号	天线调试(天线抛物面直径:m)		馈线调试
				2 以内	3.2 以内	
				1 副		1 条
				1	2	3
				6-3-19-1	6-3-19-2	6-3-19-3
1	人工	工日	1	4.0	4.5	1.5
2	其他材料费	元	996	0.3	0.3	0.3
3	频谱分析仪	台班	1959	-	1.00	-
4	场强仪	台班	1960	0.05	0.05	0.05
5	小型机具使用费	元	1998	7.7	7.7	4.2
6	基价	元	1999	208	735	82

21. 系统互联与调试

工程内容:通信系统联调(工作准备、接口调试、系统调试、指标测试)。

单位:1 套

顺序号	项　　目	单位	代号	通信(分)中心		
				5 个站以内	10 个站以内	每增加 1 个站
				1	2	3
				*6-3-21-1	*6-3-21-2	*6-3-21-3
1	人工	工日	1	60.0	84.0	12.0
2	其他材料费	元	996	577.8	966.0	117.6
3	90kW 以内工程修理车	台班	1987	10.00	20.00	2.00
4	小型机具使用费	元	1998	161.1	304.4	33.2
5	基价	元	1999	8972	15965	1797

22. 系统试运行

工程内容:工作准备、系统运行、指标测试、故障修复、系统验收。

单位:1 系统·月

顺序号	项目	单位	代号	5 个站以内	10 个站以内	15 个站以内	每增加 1 个站
				1	2	3	4
				6-2-10-1	6-2-10-2	6-2-10-3	6-2-10-4
1	人工	工日	1	120.0	180.0	240.0	18.0
2	其他材料费	元	996	425.3	455.4	850.5	95.2
3	90kW 以内工程修理车	台班	1987	5.00	7.50	10.00	1.00
4	小型机具使用费	元	1998	143.3	225.0	306.6	29.7
5	基价	元	1999	9113	13497	18246	1539

第三节　监 控 系 统

说　　明

1. 本节包括监控系统中管理站、分中心、中心(计算机及网络设备,视频控制设备安装,附属配套设备),外场管理设备(车辆检测设备安装、调试,环境检测设备安装、调试,信息显示设备安装、调试,视频监控与传输设备安装、调试),火灾自动检测报警系统(探测器安装,报警控制器安装,联动控制器安装,报警联动一体机安装,重复显示器、警报装置、远程控制器安装,自动报警系统调试),监控软件系统,系统互联与调试,系统试运行等项目。

2. 本节不包括以下工作内容:

(1)设备本身的功能性故障排除。

(2)制作缺件、配件。

(3)在特殊环境条件下的设备加固、防护。

(4)与计算机系统以外的外系统联试、校验或统调。

(5)设备基础和隐蔽管线施工。

(6)外场主干通信电缆和信号控制电缆的敷设施工及试运行。

(7)接地装置、避雷装置的制作与安装,安装调试设备必需的技术改造和修复施工。

3. 设备基础混凝土定额中综合了预埋钢筋、地脚螺母、底座法兰盘等的数量。使用定额时,不得另行计算。

4. 工程量计算规则:

(1)设备安装定额单位除LED显示屏和液晶显示屏以平方米计,设备连接电缆终接部件和外设接口电缆安装以条计,车位检测器以端计,系统试运行以系统·月计,设备基础混凝土和基础垫层以立方米计,钢筋、立柱以吨计,角钢接地极以根计，接地母线敷设以米计外，其余均以台或套计。

(2)计算机系统可靠性、稳定性运行按计算机系统24h连续计算确定的，超过要求时，其费用另行计算。

(3)设备基础混凝土工程量按设备水泥混凝土基础体积计算。

5. 新增补充定额采用“ * ”标记。在监控系统计算机及网络设备系统，视频控制系统，车辆检测设备的安装、调试，环境检测设备安装、调试，信息显示设备安装、调试，视频监控与传输设备的安装、调试，设备基础等系统中分别增补。

6. 对于原有定额进行修改的采用“△”标记。

1. 计算机及网络设备安装

工程内容:1)开箱检查、定位、机械安装、线缆连接、电气调试、指标测试、清理现场;2)软件测试与安装;3)零配件配套、按说明书通电;4)设备初验、检查基础、安装设备、调试设备、试运行;5)单机自检、接口正确性检查和调试、联机调试。

单位:1 套

顺序号	项目	单位	代号	专用服务器(含软件)	工作站(含软件)	综合大型控制台	路由器	集线器	以太网交换机			磁盘阵列	普通光盘机
									10M、100M	100M、1000M	1000M		
				1	2	3	4	5	6	7	8	9	10
				6-2-1-1	6-2-1-2	6-2-1-3	6-2-1-4	6-2-1-5	6-2-1-6	6-2-1-7	6-2-1-8	6-2-1-9	6-2-1-10
1	人工	工日	1	18.0	6.0	24.0	3.6	0.6	4.2	6.0	8.4	18.0	1.2
2	其他材料费	元	996	54.6	26.4	2.0	2.0	2.0	2.0	2.0	2.0	370.1	131.0
3	4t 以内载货汽车	台班	1372	–	–	–	–	–	–	–	–	0.20	0.10
4	3t 以内蓄电池车	台班	1416	–	–	1.00	–	–	–	–	–	–	–
5	4t 以内内燃叉车	台班	1548	–	–	0.50	–	–	–	–	–	–	–
6	光时域反射仪	台班	1950	–	–	–	–	–	–	–	–	–	–
7	微机硬盘测试仪	台班	1954	–	–	–	–	–	–	–	–	2.00	–
8	网络分析仪	台班	1958	–	–	–	–	–	1.00	1.50	1.50	–	–
9	90kW 以内工程修理车	台班	1987	–	–	–	0.50	–	0.50	0.50	0.50	–	–
10	小型机具使用费	元	1998	26.7	8.2	73.1	95.6	9.2	124.2	159.0	159.0	17.6	8.2
11	基价	元	1999	967	330	1572	539	41	788	1008	1126	1599	228

续前页 单位:表列单位

顺序号	项目	单位	代号	彩色扫描仪	网卡1000M	移动硬盘	光盘机 DVD-R/RW	针式打印机	网络打印机	激光打印机	彩色喷墨打印机	打印机控制器	视频打印机
				1套	1台								1套
				11	12	13	14	15	16	17	18	19	20
				6-2-1-11	6-2-1-12	6-2-1-13	6-2-1-14	6-2-1-15	6-2-1-18	△6-2-1-19	△6-2-1-20	6-2-1-22	6-2-1-23
1	人工	工日	1	1.8	1.0	0.5	0.5	0.5	2.0	0.5	0.3	1.0	1.8
2	其他材料费	元	996	6.0	1.9	-	14.1	8.8	40.3	54.7	42.6	56.6	2.0
3	4t以内载货汽车	台班	1372	-	-	-	-	-	-	-	-	-	-
4	3t以内蓄电池车	台班	1416	-	-	-	-	-	-	-	-	-	-
5	4t以内内燃叉车	台班	1548	-	-	-	-	0.10	0.10	-	-	-	-
6	光时域反射仪	台班	1950	-	-	-	-	-	-	-	-	-	-
7	微机硬盘测试仪	台班	1954	-	-	-	-	-	-	-	-	-	-
8	网络分析仪	台班	1958	-	-	-	-	-	-	-	-	-	-
9	90kW以内工程修理车	台班	1987	-	-	-	-	-	-	-	-	-	-
10	小型机具使用费	元	1998	1.0	34.8	8.7	10.4	9.9	58.4	18.6	37.9	17.4	12.3
11	基价	元	1999	96	86	33	49	76	230	98	95	123	103

续前页　　　　单位:表列单位

顺序号	项　　目	单位	代号	视频事件检测分析仪(4路)	视频事件检测分析仪(8路)	视频事件检测分析仪(16路)	视频事件检测处理器	容错服务器	串口服务器	网络适配器	便携式计算机
				1套						1台	
				21	22	23	24	25	26	27	28
				∗6-4-1-1	∗6-4-1-2	∗6-4-1-3	∗6-4-1-4	∗6-4-1-5	∗6-4-1-6	∗6-4-1-7	∗6-4-1-8
1	人工	工日	1	7.8	10.1	12.1	2.4	36.0	1.0	1.8	6.0
2	其他材料费	元	996	2.0	2.0	2.0	2.0	109.2	1.9	2.0	26.4
3	4t以内载货汽车	台班	1372	–	–	–	–	–	–	–	–
4	3t以内蓄电池车	台班	1416	–	–	–	–	–	–	–	–
5	4t以内内燃叉车	台班	1548	–	–	–	–	–	–	–	–
6	光时域反射仪	台班	1950	1.00	1.30	1.56	–	–	–	–	–
7	微机硬盘测试仪	台班	1954	–	–	–	–	–	–	–	–
8	网络分析仪	台班	1958	–	–	–	–	–	–	–	–
9	90kW以内工程修理车	台班	1987	–	–	–	–	–	–	–	–
10	小型机具使用费	元	1998	25.4	33.0	39.6	17.0	53.4	17.4	2.5	8.2
11	基价	元	1999	1143	1484	1779	137	1934	69	93	330

2. 视频控制设备安装

工程内容:1)开箱检查、定位、机械安装、线缆连接、电气调试、指标测试、清理现场;2)软件测试与安装;3)零配件配套、按说明书通电;4)设备初验、检查基础、安装设备、调试设备、试运行;5)搬运、清点设备、通电检查。

单位:表列单位

顺序号	项目	单位	代号	矩阵切换设备				多画面分割器(合成器)			音频、视频分配器	图像处理器
				≤16 路	≤64 路	≤128 路	≤256 路	4 画面	16 画面	16 画面以上		
				1 台								1 套
				1	2	3	4	5	6	7	8	9
				6-2-2-1	6-2-2-2	6-2-2-3	6-2-2-4	6-2-2-5	6-2-2-6	6-2-2-7	6-2-2-8	6-2-2-9
1	人工	工日	1	3.0	8.0	11.0	15.0	0.6	2.1	3.1	2.0	2.4
2	其他材料费	元	996	0.4	0.5	0.5	0.5	2.3	3.8	4.2	0.3	2.0
3	4t 以内载货汽车	台班	1372	–	–	–	–	–	–	–	–	–
4	3t 以内蓄电池车	台班	1416	–	–	–	–	–	–	–	–	–
5	300kg 以内液压升降机	台班	1560	–	–	–	–	–	–	–	–	–
6	光纤熔接机	台班	1948	–	–	–	–	–	–	–	–	–
7	光时域反射仪	台班	1950	–	–	–	–	–	–	–	–	–
8	光纤测试仪	台班	1952	–	–	–	–	–	–	–	–	–
9	小型机具使用费	元	1998	95.1	202.5	265.1	265.1	–	–	–	15.0	17.0
10	基价	元	1999	243	597	807	1004	32	107	157	114	137

续前页

单位:1套

顺序号	项　目	单位	代号	控制键盘	彩色监视器	调制解调器	光端机				视频压缩编(解)码器	光纤收发器
							数据光端机	视频数据光端机	单路视频光端机	多路视频复用机		
				10	11	12	13	14	15	16	17	18
				6-2-2-10	6-2-2-12	6-2-2-14	6-2-2-15	6-2-2-16	6-2-2-17	6-2-2-18	6-2-2-19	6-2-2-20
1	人工	工日	1	1.2	0.6	0.6	2.4	4.8	6.0	7.2	7.8	1.2
2	其他材料费	元	996	2.0	2.0	2.0	2.0	2.0	2.0	2.0	2.0	2.0
3	4t以内载货汽车	台班	1372	–	–	–	–	–	–	–	–	–
4	3t以内蓄电池车	台班	1416	–	–	–	–	–	–	–	–	–
5	300kg以内液压升降机	台班	1560	–	–	–	–	–	–	–	–	–
6	光纤熔接机	台班	1948	–	–	–	–	–	–	–	–	–
7	光时域反射仪	台班	1950	–	–	–	0.20	0.30	0.50	0.75	1.00	–
8	光纤测试仪	台班	1952	–	–	–	–	–	–	–	–	0.25
9	小型机具使用费	元	1998	3.1	15.5	3.5	8.6	16.6	19.7	39.9	25.4	–
10	基价	元	1999	64	47	35	275	474	683	945	1143	143

续前页

单位:表列单位

顺序号	项目	单位	代号	光纤模块	视频补偿器	视频传输设备		地图板 1m×1m	投影仪一对一单屏	投影仪拼接控制器		
						多路遥控发射设备	多路遥控接收设备			≤10 屏	10~20 屏	>20 屏
				1 套	1 台			1 套				
				19	20	21	22	23	24	25	26	27
				6-2-2-21	6-2-2-22	6-2-2-23	6-2-2-24	6-2-2-25	6-2-2-26	6-2-2-27	6-2-2-28	6-2-2-29
1	人工	工日	1	0.6	1.5	4.0	3.0	8.4	6.0	8.0	12.0	16.0
2	其他材料费	元	996	2.0	0.8	0.5	0.5	2.0	2.0	3.0	4.0	5.0
3	4t 以内载货汽车	台班	1372	–	–	–	–	0.20	0.20	1.00	1.00	1.00
4	3t 以内蓄电池车	台班	1416	–	–	–	–	–	–	–	–	–
5	300kg 以内液压升降机	台班	1560	–	–	–	–	0.10	0.10	0.50	0.50	0.50
6	光纤熔接机	台班	1948	–	–	–	–	–	–	–	–	–
7	光时域反射仪	台班	1950	–	–	–	–	–	–	–	–	–
8	光纤测试仪	台班	1952	0.15	–	–	–	–	–	–	–	–
9	小型机具使用费	元	1998	–	5.9	46.1	32.2	23.3	21.4	91.6	92.2	93.0
10	基价	元	1999	81	81	243	180	505	385	821	1019	1218

续前页

单位:表列单位

<table>
<tr><td rowspan="5">顺序号</td><td rowspan="5">项　　目</td><td rowspan="5">单位</td><td rowspan="5">代号</td><td>LED显示屏</td><td colspan="2">数字硬盘录像机</td><td>网络编解码器</td><td colspan="2">电视墙架</td><td>视频切换控制器</td><td>液晶显示屏</td><td>视频远端接入设备</td></tr>
<tr><td></td><td>≤4 路</td><td>≤16 路</td><td></td><td>12 台</td><td>24 台</td><td></td><td></td><td></td></tr>
<tr><td>1m²</td><td colspan="5">1 台</td><td>1 套</td><td>1m²</td><td>1 套</td></tr>
<tr><td>28</td><td>29</td><td>30</td><td>31</td><td>32</td><td>33</td><td>34</td><td>35</td><td>36</td></tr>
<tr><td>6-2-2-30</td><td>6-2-2-31</td><td>6-2-2-32</td><td>6-2-2-33</td><td>*6-4-2-1</td><td>*6-4-2-2</td><td>*6-4-2-3</td><td>*6-4-2-4</td><td>*6-2-4-4</td></tr>
<tr><td>1</td><td>人工</td><td>工日</td><td>1</td><td>7.0</td><td>2.0</td><td>6.0</td><td>2.5</td><td>6.0</td><td>12.0</td><td>2.2</td><td>6.0</td><td>7.8</td></tr>
<tr><td>2</td><td>其他材料费</td><td>元</td><td>996</td><td>8.3</td><td>–</td><td>–</td><td>113.8</td><td>550.1</td><td>1062.6</td><td>38.0</td><td>0.6</td><td>2.0</td></tr>
<tr><td>3</td><td>4t 以内载货汽车</td><td>台班</td><td>1372</td><td>–</td><td>–</td><td>–</td><td>–</td><td>–</td><td>–</td><td>–</td><td>0.10</td><td>–</td></tr>
<tr><td>4</td><td>3t 以内蓄电池车</td><td>台班</td><td>1416</td><td>–</td><td>–</td><td>–</td><td>–</td><td>–</td><td>–</td><td>–</td><td>–</td><td>–</td></tr>
<tr><td>5</td><td>300kg 以内液压升降机</td><td>台班</td><td>1560</td><td>–</td><td>–</td><td>–</td><td>–</td><td>–</td><td>–</td><td>–</td><td>–</td><td>–</td></tr>
<tr><td>6</td><td>光纤熔接机</td><td>台班</td><td>1948</td><td>–</td><td>–</td><td>–</td><td>0.50</td><td>–</td><td>–</td><td>–</td><td>–</td><td>–</td></tr>
<tr><td>7</td><td>光时域反射仪</td><td>台班</td><td>1950</td><td>–</td><td>–</td><td>–</td><td>–</td><td>–</td><td>–</td><td>–</td><td>–</td><td>1.00</td></tr>
<tr><td>8</td><td>光纤测试仪</td><td>台班</td><td>1952</td><td>–</td><td>–</td><td>–</td><td>–</td><td>–</td><td>–</td><td>–</td><td>–</td><td>–</td></tr>
<tr><td>9</td><td>小型机具使用费</td><td>元</td><td>1998</td><td>30.4</td><td>45.9</td><td>137.6</td><td>128.9</td><td>46.6</td><td>46.6</td><td>–</td><td>9.2</td><td>25.4</td></tr>
<tr><td>10</td><td>基价</td><td>元</td><td>1999</td><td>383</td><td>144</td><td>433</td><td>457</td><td>892</td><td>1700</td><td>146</td><td>334</td><td>1143</td></tr>
</table>

续前页

单位:表列单位

顺序号	项目	单位	代号	本地节点接入设备	视频编解码设备	数字视频光传输平台	节点式光端机	设备连接电缆终接部件	外设接口电缆安装
				1套				1条	
				37	38	39	40	41	42
				*6-2-4-5	*6-2-4-6	*6-2-4-7	*6-2-4-8	*6-2-4-9	*6-2-4-10
1	人工	工日	1	7.8	7.8	7.8	7.2	0.1	0.5
2	其他材料费	元	996	2.0	2.0	2.0	2.0	–	74.5
3	4t以内载货汽车	台班	1372	–	–	–	–	–	–
4	3t以内蓄电池车	台班	1416	–	–	–	–	–	–
5	300kg以内液压升降机	台班	1560	–	–	–	–	–	–
6	光纤熔接机	台班	1948	–	–	–	–	–	–
7	光时域反射仪	台班	1950	1.00	1.00	1.00	0.75	–	–
8	光纤测试仪	台班	1952	–	–	–	–	–	–
9	小型机具使用费	元	1998	25.4	25.4	25.4	39.9	–	15.1
10	基价	元	1999	1143	1143	1143	945	5	114

3. 车辆检测设备的安装、调试

工程内容:1)开箱检查、定位、机械安装、线缆连接、电气调试、指标测试、清理现场;2)画线开槽、下线灌封。

单位:1 套

顺序号	项　　目	单位	代号	环形线圈车辆检测器				车辆分离器	超高检测器	视频车辆检测器	车型识别装置	
				单通道	双通道	四通道	八通道				红外式	视频式
				1	2	3	4	5	6	7	8	9
				6-2-5-1	6-2-5-2	6-2-5-3	6-2-5-4	6-2-5-5	6-2-5-6	6-2-5-7	6-2-5-8	6-2-5-9
1	人工	工日	1	1.8	2.4	3.6	5.4	1.8	1.8	2.4	6.0	4.8
2	膨胀螺栓	套	242	–	–	–	–	16.3	16.3	8.2	32.6	8.2
3	电线	m	711	51	102	204	408	–	–	–	–	–
4	环氧树脂	kg	746	2.0	4.0	8.0	16.0	–	–	–	–	–
5	其他材料费	元	996	5.7	11.3	22.7	45.3	6.1	6.1	2.2	4.4	2.2
6	混凝土电动切缝机	台班	1245	0.50	0.75	1.50	3.00	–	–	–	–	–
7	4t 以内载货汽车	台班	1372	0.20	0.30	0.60	1.20	0.50	0.25	0.50	0.15	–
8	300kg 以内液压升降机	台班	1560	–	–	–	–	–	–	–	–	–
9	小型机具使用费	元	1998	10.0	16.3	29.6	48.9	22.7	22.7	50.5	33.0	50.5
10	基价	元	1999	426	725	1389	2679	318	245	345	484	316

续前页

单位:表列单位

顺序号	项　目	单位	代号	车辆牌照识别装置	微波检测器	车位检测器	本地控制机	雷达测速仪	超速抓拍设备
				1 台		1 端	1 套		
				10	11	12	13	14	15
				6-2-5-10	6-2-5-11	6-2-5-12	6-2-5-14	*6-4-3-1	*6-4-3-2
1	人工	工日	1	3.6	4.8	1.8	1.8	4.8	16.8
2	膨胀螺栓	套	242	8.2	12.2	–	6.1	12.2	10.2
3	电线	m	711	–	–	–	–	–	–
4	环氧树脂	kg	746	–	–	–	–	–	–
5	其他材料费	元	996	2.2	3.3	2.0	1.7	3.3	6.0
6	混凝土电动切缝机	台班	1245	–	–	–	–	–	–
7	4t 以内载货汽车	台班	1372	–	0.25	0.20	0.10	0.25	1.00
8	300kg 以内液压升降机	台班	1560	–	0.25	–	–	0.25	0.25
9	小型机具使用费	元	1998	44.3	26.8	6.8	10.8	26.8	81.5
10	基价	元	1999	251	399	156	151	399	1261

4. 环境检测设备安装、调试

工程内容:开箱检查、定位、机械安装、线缆连接、电气调试、指标测试、清理现场。

单位:1 套

顺序号	项目	单位	代号	风向、风速检测器	能见度检测器	路面结冰检测器	一氧化碳检测器	烟幕透过率检测器	超声波水位检测仪	洞内、外光强检测器
				1	2	3	4	5	6	7
				6-2-6-1	6-2-6-2	6-2-6-3	6-2-6-4	6-2-6-5	*6-4-4-1	*6-4-4-2
1	人工	工日	1	3.0	8.4	5.4	1.2	1.2	5.2	8.4
2	膨胀螺栓	套	242	6.1	8.2	12.2	4.1	4.1	–	8.2
3	其他材料费	元	996	1.7	2.2	2.0	2.0	2.0	42.6	2.2
4	混凝土电动切缝机	台班	1245	–	–	0.20	–	–	–	–
5	300kg 以内液压升降机	台班	1560	0.50	0.30	–	0.20	0.20	–	0.30
6	小型机具使用费	元	1998	30.6	38.4	74.0	31.5	31.5	30.0	38.4
7	基价	元	1999	238	504	410	121	121	328	504

5. 信息显示设备安装、调试

工程内容：开箱检查、定位、机械安装、线缆连接、电气调试、指标测试、清理现场。

单位：1 套

顺序号	项　　目	单位	代号	LED 可变道路情报板		小型 LED 信息标志板		可变限速标志		可变限速标志	可变信息板	车道指示标志
				门架式	悬臂门架式	立柱式	移动式	LED 式	光纤式	隧道内	隧道内	隧道内
				1	2	3	4	5	6	7	8	9
				6-2-7-1	6-2-7-2	6-2-7-3	6-2-7-4	6-2-7-5	6-2-7-6	*6-4-5-1	*6-4-5-2	*6-4-5-3
1	人工	工日	1	60.0	36.0	18.0	12.0	6.0	7.2	6.0	27.0	4.5
2	螺栓	kg	240	1.8	1.8	0.6	–	0.4	0.4	0.4	1.2	–
3	膨胀螺栓	套	242	–	–	–	–	–	–	–	–	9.2
4	电线	m	711	–	–	–	–	–	–	–	–	77
5	其他材料费	元	996	2.4	2.4	2.0	2.0	2.0	2.0	2.0	2.2	4.2
6	4t 以内载货汽车	台班	1372	–	0.50	0.50	1.00	0.50	0.50	0.50	0.50	0.23
7	20t 以内平板拖车组	台班	1393	1.00	–	–	–	–	–	–	–	–
8	5t 以内汽车式起重机	台班	1449	–	0.50	0.30	0.25	0.25	0.25	0.25	0.40	–
9	20t 以内汽车式起重机	台班	1453	1.00	–	–	–	–	–	–	–	–
10	300kg 以内液压升降机	台班	1560	–	–	–	–	–	–	–	–	0.75
11	光纤熔接机	台班	1948	–	–	–	–	–	0.25	–	–	–
12	光时域反射仪	台班	1950	–	–	–	–	–	0.25	–	–	–
13	小型机具使用费	元	1998	142.3	88.4	81.7	45.5	66.8	24.7	66.8	85.1	9.3
14	基价	元	1999	4875	2219	1237	1027	611	857	611	1728	596

6. 视频监控与传输设备的安装、调试

工程内容:1)开箱检查、定位、机械安装、线缆连接、电气调试、指标测试、清理现场;2)CCD彩色摄像机为包含云台、防护罩、支架、支柱等辅助装置;3)从高速智能球形摄像机至云台控制器为设备改造时分开计列。

单位:表列单位

顺序号	项目	单位	代号	CCD彩色摄像机			高速智能球形摄像机	室外球形摄像机	定焦距	变焦变倍
				收费广场、主线	隧道内	一般室内			手动光圈镜头	自动光圈镜头
				1套			1台			
				1	2	3	4	5	6	7
				6-2-8-3	6-2-8-4	6-2-8-5	6-2-8-6	*6-4-6-1	*6-4-6-2	*6-4-6-3
1	人工	工日	1	15.0	6.0	6.0	2.8	2.0	0.2	0.5
2	螺栓	kg	240	2.9	-	-	-	-	-	-
3	膨胀螺栓	套	242	10.2	8.2	8.2	-	-	-	-
4	其他材料费	元	996	4.2	2.0	2.0	1.9	0.9	1.7	1.9
5	4t以内载货汽车	台班	1372	1.00	0.25	0.20	-	-	-	-
6	300kg以内液压升降机	台班	1560	0.25	-	-	-	-	-	-
7	小型机具使用费	元	1998	70.7	14.8	14.8	44.5	23.6	3.4	6.9
8	基价	元	1999	1191	413	398	184	123	15	33

续前页

单位:表列单位

顺序号	项　目	单位	代号	摄像机防护罩		摄像机支架			摄像机云台	云台控制器
				全天候	密封	立柱式(2.5m内)	壁式	悬挂式	<25kg	
				1套						1台
				8	9	10	11	12	13	14
				*6-4-6-4	*6-4-6-5	*6-4-6-6	*6-4-6-7	*6-4-6-8	*6-4-6-9	*6-4-6-10
1	人工	工日	1	1.0	0.6	1.2	1.0	1.5	2.0	1.2
2	螺栓	kg	240	–	–	–	–	–	–	–
3	膨胀螺栓	套	242	–	–	–	–	–	–	–
4	其他材料费	元	996	2.9	2.9	8.7	8.7	8.7	7.4	0.4
5	4t以内载货汽车	台班	1372	–	–	–	–	–	–	–
6	300kg以内液压升降机	台班	1560	–	–	–	–	–	–	–
7	小型机具使用费	元	1998	–	–	7.0	6.3	6.8	15.4	20.1
8	基价	元	1999	52	32	75	64	89	121	80

注:室外球形摄像机、光圈镜头、摄像机防护罩、摄像机云台、云台控制器等安装在广场摄像机或沿线外场遥控摄像机10m立柱上时,每个设备需增加人工0.7工日,增加300kg以内液压升降机0.05个台班。

7. 探测器安装

工程内容:校线、挂锡、安装底座、探头、编码、清洁、调测。

单位:表列单位

顺序号	项目	单位	代号	总线制				
				感烟(温)	红外光束	火焰	可燃气体	线型探测器
				1只				10m
				1	2	3	4	5
				3-4-8-1	3-4-8-2	3-4-8-3	3-4-8-4	3-4-8-5
1	人工	工日	1	0.6	3.9	1.2	0.6	1.8
2	铁件	kg	651	–	0.1	–	–	–
3	其他材料费	元	996	4.7	15.0	7.7	10.1	17.4
4	小型机具使用费	元	1998	0.5	1.6	2.0	0.2	–
5	基价	元	1999	35	209	69	40	106

8. 报警控制器安装

工程内容：安装、固定、校线、挂锡、功能检测、防潮和防尘处理、压线、标志、绑扎。

单位：1 只

顺序号	项目	单位	代号	壁挂式			多线制（落地式）		总线制（落地式）			
				规格（点）								
				200 以内	500 以内	1000 以内	32 以内	64 以内	200 以内	500 以内	1000 以内	1000 以上
				1	2	3	4	5	6	7	8	9
				3-4-9-1	3-4-9-2	3-4-9-3	3-4-9-4	3-4-9-5	3-4-9-6	3-4-9-7	3-4-9-8	3-4-9-9
1	人工	工日	1	15.3	27.5	34.8	12.8	14.2	16.4	29.1	36.8	44.4
2	其他材料费	元	996	26.1	41.3	60.5	52.4	90.7	32.4	52.7	93.7	176.2
3	6t 以内载货汽车	台班	1374	0.05	0.05	0.05	0.05	0.05	0.10	0.10	0.10	0.10
4	小型机具使用费	元	1998	142.1	245.6	417.4	47.2	74.5	133.7	225.8	390.8	687.9
5	基价	元	1999	938	1657	2207	746	880	1006	1744	2328	3082

9. 联动控制器安装

工程内容:校线、挂锡、并线、压线、标志、安装、固定、功能检测、防潮和防尘处理。

单位:1台

顺序号	项目	单位	代号	多线制(落地式)		总线制(落地式)			
				规格(点)					
				100以内	100以上	100以内	200以内	500以内	500以上
				1	2	3	4	5	6
				3-4-10-1	3-4-10-2	3-4-10-3	3-4-10-4	3-4-10-5	3-4-10-6
1	人工	工日	1	20.7	31.2	21.1	31.9	34.0	36.0
2	其他材料费	元	996	216.6	433.3	20.8	30.4	51.5	94.7
3	6t以内载货汽车	台班	1374	0.10	0.10	0.10	0.10	0.10	0.10
4	小型机具使用费	元	1998	101.8	142.9	101.8	131.0	145.6	225.8
5	基价	元	1999	1370	2145	1194	1764	1903	2125

10. 报警联动一体机安装

工程内容：校线、挂锡、并线、压线、标志、安装、固定、功能检测、防潮和防尘处理。

单位：1 台

顺序号	项目	单位	代号	落地式			
				规格(点)			
				500 以内	1000 以内	2000 以内	2000 以上
				1	2	3	4
				3-4-11-1	3-4-11-2	3-4-11-3	3-4-11-4
1	人工	工日	1	47.4	62.0	72.4	98.7
2	其他材料费	元	996	36.4	73.2	116.4	227.3
3	6t 以内载货汽车	台班	1374	0.10	0.10	0.10	0.10
4	小型机具使用费	元	1998	147.4	250.4	435.4	767.2
5	基价	元	1999	2549	3407	4147	5884

11. 重复显示器、警报装置、远程控制器安装

工程内容：校线、挂锡、并线、压线、标志、安装、固定、功能检测、防潮和防尘处理。

单位：表列单位

顺序号	项目	单位	代号	重复显示器		警报装置		远程摇控器		按钮	控制模块(接口)		报警接口
				多线制	总线制	声光报警	警铃	3 路以内	5 路以内		单输出	多输出	
				1 台		1 台		1 台		1 只			
				1	2	3	4	5	6	7	8	9	10
				3-4-12-1	3-4-12-2	3-4-12-3	3-4-12-4	3-4-12-5	3-4-12-6	3-4-12-7	3-4-12-8	3-4-12-9	3-4-12-10
1	人工	工日	1	12.3	15.5	1.2	0.6	8.8	10.5	0.9	1.8	2.4	1.7
2	其他材料费	元	996	54.9	18.5	5.5	4.8	18.5	25.0	7.3	7.7	14.2	5.1
3	6t 以内载货汽车	台班	1374	0.05	0.05	–	–	–	–	–	–	–	–
4	小型机具使用费	元	1998	37.6	37.6	0.9	0.7	3.3	3.7	1.2	1.9	3.0	2.3
5	基价	元	1999	714	835	65	35	455	545	53	98	135	91

12. 自动报警系统调试

工程内容:技术和器具准备、检查接线、绝缘检查、程序装载或校对检查、功能测试、系统试验、记录整理。

单位:1 系统

顺序号	项　目	单位	代号	自动报警系统装置	
				500 点以内	2000 点以内
				1	2
				3-4-13-1	3-4-13-2
1	人工	工日	1	310.5	548.3
2	电	kW·h	865	180	740
3	其他材料费	元	996	608.9	2045.3
4	小型机具使用费	元	1998	3215.8	6416.7
5	基价	元	1999	19200	35845

13. 软 件 安 装

工程内容:软件测试与安装。

单位:1 套

顺序号	项　　目	单位	代号	软件(包括系统、应用软件)		
				站级	分中心级	中心级
				1	2	3
				6-2-1-24	6-2-1-25	6-2-1-26
1	人工	工日	1	24.0	12.0	60.0
2	其他材料费	元	996	189.0	304.5	420.0
3	小型机具使用费	元	1998	24.7	37.0	49.3
4	基价	元	1999	1395	932	3421

14. 系统互联与调试

工程内容:1)监控系统联调;2)收费系统与监控系统互联(工作准备、接口调试、系统调试、指标调试)。

单位:1 套

顺序号	项目	单位	代号	监控(分)中心			收费系统与监控系统互联
				5 个站以内	10 个站以内	每增加 1 个站	
				1	2	3	4
				6-2-9-1	6-2-9-2	6-2-9-3	6-2-9-11
1	人工	工日	1	60.0	110.0	10.0	48.0
2	其他材料费	元	996	987.0	1751.0	185.9	682.5
3	90kW 以内工程修理车	台班	1987	10.00	20.00	3.00	-
4	小型机具使用费	元	1998	161.1	322.1	49.1	151.1
5	基价	元	1999	9381	18047	2311	3195

15. 系统试运行

工程内容:工作准备、系统运行、指标测试、故障修复、系统验收。

单位:1 系统·月

顺序号	项　　目	单位	代号	5 个站以内	10 个站以内	15 个站以内	每增加 1 个站
				1	2	3	4
				6-2-10-1	6-2-10-2	6-2-10-3	6-2-10-4
1	人工	工日	1	120.0	180.0	240.0	18.0
2	其他材料费	元	996	425.3	455.4	850.5	95.2
3	90kW 以内工程修理车	台班	1987	5.00	7.50	10.00	1.00
4	小型机具使用费	元	1998	143.3	225.0	306.6	29.7
5	基价	元	1999	9113	13497	18246	1539

16. 附属配套设施安装

I. 设 备 基 础

工程内容:1)设备基础混凝土:挖基、回填;钢筋除锈、制作、电焊、绑扎;水泥混凝土配运料、拌和;设备基础混凝土浇筑、安装设备基础预留铁件;材料场内搬运;2)基础垫层:运料、铺平、整平、夯实;3)立柱:安装立柱的全部工序;4)接地极制作安装:下料加工、卡子制作、打入地下、刷油;5)接地母线敷设:平直、断料、测位、打眼、卡子制作、埋卡子、焊接、固定、刷油。

单位:表列单位

顺序号	项目	单位	代号	设备基础		基础垫层		双柱式设备立柱	F型悬臂式设备立柱	门架式设备立柱	接地极制作安装	接地母线敷设
				基础混凝土	钢筋	填碎(砾)石	填中粗砂				角钢接地极	
				$10m^3$	1t	$10m^3$ 实体	$10m^3$ 实体	10t			1根	10m
				1	2	3	4	5	6	7	8	9
				*6-4-16-1	*6-4-16-2	4-11-5-2	*6-4-16-3	6-1-7-18	6-1-7-20	6-1-7-24	6-6-11-1	6-6-11-3
1	人工	工日	1	21.7	14.4	7.2	5.9	3.8	3.0	9.3	0.4	1.6
2	C25 水泥混凝土	m^3	19	(10.20)	–	–	–	–	–	–	–	–
3	锯材	m^3	102	0.001	–	–	–	–	–	–	–	–
4	光圆钢筋	t	111	–	1.025	–	–	–	–	–	–	–
5	带肋钢筋	t	112	0.089	–	–	–	–	–	–	–	–
6	型钢	t	182	0.004	–	–	–	–	–	–	–	–
7	镀锌钢管	t	192	0.103	–	–	–	–	–	–	–	–
8	镀锌钢板	t	208	0.204	–	–	–	–	–	–	–	0.013
9	电焊条	kg	231	–	–	–	–	0.6	0.6	0.4	–	–
10	钢管立柱	t	247	–	–	–	–	7.198	7.080	7.429	–	–

续前页　　　　单位:表列单位

顺序号	项　目	单位	代号	设备基础		基础垫层		双柱式设备立柱	F型悬臂式设备立柱	门架式设备立柱	接地极制作安装	接地母线敷设
				基础混凝土	钢筋	填碎(砾)石	填中粗砂				角钢接地极	
				$10m^3$	1t	$10m^3$ 实体	$10m^3$ 实体	10t			1 根	10m
				1	2	3	4	5	6	7	8	9
				∗6-4-16-1	∗6-4-16-2	4-11-5-2	∗6-4-16-3	6-1-7-18	6-1-7-20	6-1-7-24	6-6-11-1	6-6-11-3
11	组合钢模板	t	272	0.007								–
12	铁件	kg	651	3.3	–	–	–	–	–	–	–	–
13	镀锌铁件	kg	652	–	–	–	–	2858.3	2978.8	2622.9	9.9	–
14	20～22 号铁丝	kg	656	–	5.1	–	–	–	–	–	–	–
15	32.5 级水泥	t	832	3.417	–	–	–	–	–	–	–	–
16	水	m^3	866	12	–	–	–	–	–	–	–	–
17	中(粗)砂	m^3	899	4.90	–	–	13.00	–	–	–	–	–
18	碎石(4cm)	m^3	952	8.47	–	13.26	–	–	–	–	–	–
19	其他材料费	元	996	34.6	–	–	–	–	–	–	3.0	13.3
20	4t 以内载货汽车	台班	1372	–	–	–	–	0.93	0.74	–	–	–
21	6t 以内载货汽车	台班	1374	–	–	–	–	–	–	1.13	–	–
22	5t 以内汽车式起重机	台班	1449	–	–	–	–	0.93	0.74	1.13	–	–
23	32kV·A 以内交流电弧焊机	台班	1726	–	–	–	–	0.11	0.11	0.07	–	–
24	小型机具使用费	元	1998	4.0	–	–	–	–	–	–	4.1	3.8
25	基价	元	1999	5123	4124	1084	940	62661	62634	62833	95	173

注:设备基础混凝土中预埋钢管、镀锌钢板(法兰盘)、钢筋(地脚螺栓)等量按照实际进行调整。

II. 其　　他

工程内容:装调技术准备、装调机具准备、电源检测和施工安全防护、搬运、开箱、检查、定位、安装、互联、设备清理和清洗、接通电源、单机自检、接口正确性检查和调试、联机调试。

单位:表列单位

<table>
<tr><th rowspan="5">顺序号</th><th rowspan="5">项　　目</th><th rowspan="5">单位</th><th rowspan="5">代号</th><th rowspan="2">触摸屏显示器</th><th colspan="2">标 准 机 柜</th><th rowspan="2">隧道通行信号灯</th></tr>
<tr><th>BA123</th><th>19″</th></tr>
<tr><th colspan="3">1 台</th><th>1 套</th></tr>
<tr><th>1</th><th>2</th><th>3</th><th>4</th></tr>
<tr><th>6-2-3-1</th><th>6-2-3-13</th><th>6-2-3-14</th><th>6-2-4-22</th></tr>
<tr><td>1</td><td>人工</td><td>工日</td><td>1</td><td>2.0</td><td>1.3</td><td>2.0</td><td>1.2</td></tr>
<tr><td>2</td><td>膨胀螺栓</td><td>套</td><td>242</td><td>-</td><td>-</td><td>-</td><td>6.1</td></tr>
<tr><td>3</td><td>电线</td><td>m</td><td>711</td><td>-</td><td>-</td><td>-</td><td>51</td></tr>
<tr><td>4</td><td>其他材料费</td><td>元</td><td>996</td><td>17.2</td><td>1.4</td><td>3.4</td><td>2.0</td></tr>
<tr><td>5</td><td>4t 以内载货汽车</td><td>台班</td><td>1372</td><td>-</td><td>-</td><td>-</td><td>0.10</td></tr>
<tr><td>6</td><td>3t 以内蓄电池车</td><td>台班</td><td>1416</td><td>-</td><td>-</td><td>-</td><td>-</td></tr>
<tr><td>7</td><td>4t 以内内燃叉车</td><td>台班</td><td>1548</td><td>0.10</td><td>0.20</td><td>0.50</td><td>-</td></tr>
<tr><td>8</td><td>小型机具使用费</td><td>元</td><td>1998</td><td>41.0</td><td>4.5</td><td>5.6</td><td>5.7</td></tr>
<tr><td>9</td><td>基价</td><td>元</td><td>1999</td><td>189</td><td>136</td><td>272</td><td>252</td></tr>
</table>

第四节 供电、照明系统

说 明

1. 本节定额包括干式变压器安装，电力变压器干燥，杆上、埋地变压器安装，组合型成套箱式变电站安装，控制、继电、模拟及配电屏安装，电力系统调整试验，柴油发电机组及其附属设备安装，排气系统安装，电力监控设备安装，蓄电池安装，太阳能电池安装，其他配电设备安装，母线、母线槽安装，落地式控制箱安装，成套配电箱安装，接线箱、接线盒的安装，灯架安装，立灯杆，杆座安装，高杆灯具安装，照明灯具安装，标志、诱导装饰灯具安装，其他灯具安装，灯基础安装等 24 个项目。

2. 干式变压器如果带有保护外罩时，人工和机械乘以系数 1.2。

3. 变压器油是按设备自带考虑的，但施工中变压器油的过滤损耗及操作损耗已包括在定额中。变压器安装过程中放注油、油过滤所使用的油罐，已摊入油过滤定额中。

4. 高压成套配电柜中断路器安装定额系综合考虑的，不分容量大小，也不包括母线配制及设备干燥。

5. 组合型成套箱式变电站主要是指 10kV 以下的箱式变电站，一般布置形式为变压器在箱的中间，箱的一端为高压开关位置，另一端为低压开关位置。

6. 控制设备安装未包括支架的制作和安装，需要时可按相关定额另行计算。

7. 送配电设备系统调试包括系统内的电缆试验、瓷瓶耐压等全套调试工作。供电桥回路中的断路器、母线分段断路器皆作为独立的供电系统计算，定额皆按一个系统一侧配一台断路器考虑，若两侧皆有断路器时，则按两个系统计算。如果分配电箱内只有刀开关、熔断器等不含调试元件的供电回路，则不再作为调试系统计算。

8. 3 ~ 10kV 母线系统调试含一组电压互感器，1kV 以下母线系统调试定额不含电压互感器，适用于低压配电装置的各种母线(包括软母线)的调试。

9. 灯具安装定额是按灯具类型分别编制的,对于灯具本身及异型光源,定额已综合了安装费,但未包括其本身的价值,应另行计算。

10. 各种灯架元器具件的配线,均已综合考虑在定额内,使用时不作调整。

11. 本节定额已包括利用仪表测量绝缘及一般灯具的试亮等工作内容,使用定额时,不得另行计算,但不包括全负荷试运行。

12. 本节定额未包括电缆接头的制作及导线的焊压接线端子。

13. 各种灯柱穿线均套相应的配管配线定额。

14. 室内照明灯具的安装高度,投光灯、碘钨灯和混光灯定额是按 10m 以下编制的,其他照明灯具安装高度均按 5m 以下编制的。

15. 普通吸顶灯、荧光灯、嵌入式灯、标志灯等成套灯具安装是按灯具出厂时达到安装条件编制的,其他成套灯具安装所需配线,定额中均已包括。

16. 立灯杆定额中未包括防雷及接地装置。

17. 25m 以上高杆灯安装,未包括杆内电缆敷设。

18. 新增补充定额采用“ * ”标记。在电力监控设备安装、其他配电设备安装(增加太阳能供电装置和风光互补装置两项)等系统中分别增补;并增补了灯基础安装一节。

19. 对于原有定额进行修改的采用“△”标记。

1. 干式变压器安装

工程内容:开箱、检查,本体就位,电铁及止轮器制作、安装,附件安装,接地,补漆,配合电器试验。

单位:1 台

顺序号	项　　目	单位	代号	变压器容量(kV·A)					
				100 以内	250 以内	500 以内	800 以内	1000 以内	2000 以内
				1	2	3	4	5	6
				6-4-1-1	6-4-1-2	6-4-1-3	6-4-1-4	6-4-1-5	6-4-1-6
1	人工	工日	1	7.5	8.4	11.2	13.3	14.6	17.5
2	钢板	t	183	0.004	0.004	0.004	0.006	0.006	0.007
3	镀锌钢板	t	208	0.005	0.005	0.005	0.005	0.005	0.005
4	电焊条	kg	231	0.3	0.3	0.3	0.3	0.3	0.3
5	镀锌螺栓	kg	241	1.4	1.4	1.4	1.4	1.4	1.4
6	8~12 号铁丝	kg	655	0.8	1.0	1.0	1.5	2.0	2.7
7	其他材料费	元	996	43.6	43.6	49.9	51.3	65.6	67.0
8	6t 以内载货汽车	台班	1374	0.10	0.10	0.12	0.15	–	–
9	8t 以内载货汽车	台班	1375	–	–	–	–	0.27	0.30
10	5t 以内汽车式起重机	台班	1449	0.08	0.08	0.10	0.13	–	–
11	12t 以内汽车式起重机	台班	1451	–	–	–	–	0.22	0.25
12	32kV·A 以内交流电弧焊机	台班	1726	0.21	0.21	0.21	0.21	0.21	0.28
13	基价	元	1999	573	618	777	915	1164	1358

2. 电力变压器干燥

工程内容:准备、干燥及维护、检查、记录整理、清扫、收尾及注油。

单位:1 台

顺序号	项目	单位	代号	10kV/电力变压器容量(kV·A)			
				250 以内	500 以内	1000 以内	2000 以内
				1	2	3	4
				6-4-2-1	6-4-2-2	6-4-2-3	6-4-2-4
1	人工	工日	1	10.1	13.7	19.6	25.0
2	锯材	m^3	102	0.050	0.050	0.200	0.200
3	8～12 号铁丝	kg	655	1.5	1.8	2.5	6.0
4	20～22 号铁丝	kg	656	–	–	0.1	0.2
5	电线	m	711	15	15	45	50
6	电	kW·h	865	148	218	300	470
7	其他材料费	元	996	122.4	130.0	426.7	534.2
8	小型机具使用费	元	1998	24.4	34.1	36.6	48.8
9	基价	元	1999	842	1077	1999	2513

3. 杆上、地上安装变压器

工程内容：杆上安装变压器：支架、横担、撑铁安装，变压器吊装固定，配线，接线，接地。 地上安装变压器：开箱检查，本体就位，砌身检查，套管，油枕及散热器的清洗，油柱试验，风扇油泵电动机触体检查接线，附件安装，热铁及齿轮器制作安装，补充注油及安装后的整体密封实验。

单位：1 台

顺序号	项目	单位	代号	杆上安装		地上（台上）安装
				变压器容量（kV·A）		
				100 以内	320 以内	500 以内
				1	2	3
				6-4-3-1	6-4-3-2	6-4-3-3
1	人工	工日	1	7.4	12.1	11.8
2	钢板	t	183	0.004	0.004	0.005
3	镀锌钢板	t	208	–	–	0.005
4	电焊条	kg	231	–	–	0.3
5	镀锌螺栓	kg	241	0.9	0.9	0.9
6	8～12 号铁丝	kg	655	1.0	1.0	1.0
7	其他材料费	元	996	32.5	42.6	133.0
8	6t 以内载货汽车	台班	1374	–	–	0.12
9	5t 以内汽车式起重机	台班	1449	0.50	0.50	0.64
10	32kV·A 以内交流电弧焊机	台班	1726	–	–	0.21
11	小型机具使用费	元	1998	–	–	36.6
12	基价	元	1999	625	866	1130

4. 组合型成套箱式变电站安装

工程内容:开箱、检查、安装固定、接线、接地。

单位:1 台

顺序号	项　　目	单位	代号	不带高压开关柜(变压器容量 kV·A)		
				100 以内	315 以内	630 以内
				1	2	3
				6-4-4-1	6-4-4-2	6-4-4-3
1	人工	工日	1	9.7	11.5	13.9
2	钢板	t	183	0.008	0.011	0.014
3	镀锌钢板	t	208	0.072	0.096	0.120
4	电焊条	kg	231	0.2	0.2	0.2
5	镀锌螺栓	kg	241	2.6	2.6	2.6
6	其他材料费	元	996	48.2	52.1	56.5
7	6t 以内载货汽车	台班	1374	0.42	0.42	0.42
8	5t 以内汽车式起重机	台班	1449	0.50	0.50	0.50
9	32kV·A 以内交流电弧焊机	台班	1726	0.14	0.14	0.14
10	基价	元	1999	1374	1622	1901

注:不带高压开关柜的箱式变电站的高压侧进线一般采用负荷开关。

5. 控制、继电、模拟及配电屏安装

工程内容:控制、继电、模拟及配电屏安装:开箱、检查,安装,电器、表记及继电器等附件的拆装,送交试验,盘内整理及一次校线、接线。 断路器安装:开箱、检查,安装固定,放注油,导电接触面的检查调整,附件的拆装,接地。 户内隔离开关、负荷开关安装:开箱、检查,安装固定,调整,拉杆配制和安装,操作机构连锁装置和信号装置接头检查,安装,接地。 控制台、控制箱安装:开箱、检查、安装,各种电器、表计等附件的拆装,送交试验,盘内整理,一次接线。

单位:1 台

顺序号	项目	单位	代号	控制屏	继电、信号屏	模拟屏(宽2m以内)	配电(电源)屏	高压成套配电双母线柜	户内隔离开关、负荷开关(电流2000A以下)	控制台(2m以内)	同期小屏控制箱
							低压开关柜	断路器柜			
				1	2	3	4	5	6	7	8
				6-4-5-1	6-4-5-2	6-4-5-3	6-4-5-4	6-4-5-5	6-4-5-6	6-4-5-7	6-4-5-8
1	人工	工日	1	4.7	5.8	18.4	4.7	10.3	4.5	9.6	2.0
2	型钢	t	182	–	–	–	–	–	0.027	–	–
3	钢管	t	191	–	–	–	–	–	0.005	–	–
4	镀锌钢板	t	208	0.002	0.002	0.003	0.002	–	0.003	0.003	0.001
5	电焊条	kg	231	0.2	0.2	0.3	0.2	0.2	0.3	0.1	0.1
6	镀锌螺栓	kg	241	0.5	0.5	1.1	0.5	0.8	4.1	0.5	0.4
7	塑料软管	kg	782	1.2	1.5	2.0	0.5	–	–	1.5	0.5
8	塑料弹簧软管(ϕ50mm)	m	783	6.0	6.0	20.0	6.0	–	–	12.0	5.0

续前页 单位:1台

顺序号	项目	单位	代号	控制屏	继电、信号屏	模拟屏(宽2m以内)	配电(电源)屏 低压开关柜	高压成套配电双母线柜 断路器柜	户内隔离开关、负荷开关(电流2000A以下)	控制台(2m以内)	同期小屏控制箱
				1	2	3	4	5	6	7	8
				6-4-5-1	6-4-5-2	6-4-5-3	6-4-5-4	6-4-5-5	6-4-5-6	6-4-5-7	6-4-5-8
9	其他材料费	元	996	9.6	10.6	17.9	20.7	35.0	25.2	13.5	5.6
10	4t以内载货汽车	台班	1372	0.06	0.06	0.15	0.06	0.10	–	0.10	0.05
11	5t以内汽车式起重机	台班	1449	0.10	0.10	0.40	0.10	0.16	–	0.10	0.05
12	30kN以内单筒慢动卷扬机	台班	1499	–	–	–	–	–	–	0.10	–
13	32kV·A以内交流电弧焊机	台班	1726	0.07	0.07	0.10	0.07	0.10	0.18	0.07	0.04
14	基价	元	1999	412	472	1426	412	656	473	756	219

6. 柴油发电机组安装

工程内容:开箱检验、安装固定、稳机找平、试车(10h)等。

单位:1 组

顺序号	项目	单位	代号	柴油发电机组(功率:kW)							
				30 以内	75 以内	120 以内	200 以内	300 以内	500 以内	800 以内	800 以上
				1	2	3	4	5	6	7	8
				6-4-7-1	6-4-7-2	6-4-7-3	6-4-7-4	6-4-7-5	6-4-7-6	6-4-7-7	6-4-7-8
1	人工	工日	1	15.0	21.6	23.4	27.5	32.5	48.5	62.0	79.5
2	12t 以内汽车式起重机	台班	1451	0.07	0.09	0.17	0.33	0.35	0.40	0.60	0.67
3	小型机具使用费	元	1998	12.3	12.3	12.3	12.3	12.3	12.3	12.3	12.3
4	基价	元	1999	800	1139	1284	1598	1858	2681	3486	4397

注:本定额未包括安装柴油发电机组所需的底座的费用,应根据设计图纸按有关定额另行计算。

7. 安装柴油发电机组体外排气系统

工程内容:安装排气系统:清点材料、丈量尺寸、排气管加工套丝(或焊接)、焊法兰盘、垫石棉垫、安装固定(含吊挂)、安装波纹管及消音器等。　安装燃油箱、机油箱:开箱检验,清洁,安装支架,安装固定箱体、油泵,系统调试等。

单位:表列单位

顺序号	项　目	单位	代号	柴油发电机组体外排气系统				燃油箱	机油箱	制作安装抗震机座
				柴油发电机组(功率:kW)						
				120 以内	500 以内	800 以内	800 以上			
				1 套						1 个
				1	2	3	4	5	6	7
				6-4-8-1	6-4-8-2	6-4-8-3	6-4-8-4	6-4-8-5	6-4-8-6	6-3-1-17
1	人工	工日	1	7.0	9.0	11.0	13.0	12.0	13.0	2.5
2	螺栓	kg	240	–	–	–	–	0.2	0.2	–
3	膨胀螺栓	套	242	–	–	–	–	4.1	4.1	–
4	基价	元	1999	344	443	541	640	606	655	123

注:1. 本定额未包括排配气系统所需排气管的费用,应根据设计数量按实计列;

2. 安装与柴油发电机组在一体的燃油箱、机油箱均不得使用本定额。

8. 电力监控设备安装

工程内容:1)开箱检查、定位、机械安装、线缆连接、电气调试、指标测试、清理现场;2)软件测试与安装;3)零配件配套、按说明书通电。

单位:表列单位

顺序号	项目	单位	代号	电力监控工作站(含软件)	激光打印机	以太网交换机(100M、1000M)	以太网光收发器	多串口卡	通信管理机
				1套				1张	1套
				1	2	3	4	5	6
				*6-5-8-1	△6-2-1-19	6-2-1-7	*6-5-8-2	*6-5-8-3	*6-5-8-4
1	人工	工日	1	6.0	0.5	6.0	1.2	0.6	19.8
2	镀锌钢板	t	208	–	–	–	–	–	–
3	电焊条	kg	231	–	–	–	–	–	–
4	镀锌螺栓	kg	241	–	–	–	–	–	–
5	塑料软管	kg	782	–	–	–	–	–	–
6	塑料弹簧软管(φ50mm)	m	783	–	–	–	–	–	–
7	其他材料费	元	996	26.4	54.7	2.0	2.0	2.0	56.6
8	4t以内载货汽车	台班	1372	–	–	–	–	–	–
9	5t以内汽车式起重机	台班	1449	–	–	–	–	–	–
10	4t以内内燃叉车	台班	1548	–	–	–	–	–	–

续前页

单位:表列单位

顺序号	项　　目	单位	代号	电力监控工作站(含软件)	激光打印机	以太网交换机(100M、1000M)	以太网光收发器	多串口卡	通信管理机
				1 套				1 张	1 套
				1	2	3	4	5	6
				∗6-5-8-1	△6-2-1-19	6-2-1-7	∗6-5-8-2	∗6-5-8-3	∗6-5-8-4
11	32kV·A 以内交流电弧焊机	台班	1726	–	–	–	–	–	–
12	光纤测试仪	台班	1952	–	–	–	0.25	–	–
13	网络分析仪	台班	1958	–	–	1.50	–	–	–
14	数字多用表	台班	1969	–	–	–	–	–	–
15	三相精密测试电源	台班	1973	–	–	–	–	–	–
16	90kW 以内工程修理车	台班	1987	–	–	0.50	–	–	–
17	小型机具使用费	元	1998	8.2	18.6	159.0	–	9.2	29.2
18	基价	元	1999	330	98	1008	143	41	1060

续前页

单位:1 套

顺序号	项目	单位	代号	智能动态模拟屏	高压电力测控单元	低压电力测控单元	SCADA 控制柜(房建区)	SCADA 控制柜(箱变)
				7	8	9	10	11
				*6-5-8-5	*6-5-8-6	*6-5-8-7	*6-5-8-8	*6-5-8-9
1	人工	工日	1	18.4	4.2	3.5	2.0	2.0
2	镀锌钢板	t	208	0.003	–	–	–	–
3	电焊条	kg	231	0.3	–	–	–	–
4	镀锌螺栓	kg	241	1.1	–	–	–	–
5	塑料软管	kg	782	2.0	–	–		–
6	塑料弹簧软管(ϕ50mm)	m	783	20.0	–	–	–	–
7	其他材料费	元	996	17.9	6.4	5.0	3.4	3.4
8	4t 以内载货汽车	台班	1372	0.15	–	–	–	–
9	5t 以内汽车式起重机	台班	1449	0.40	–	–	–	–
10	4t 以内内燃叉车	台班	1548	–	–	–	0.50	0.50
11	32kV·A 以内交流电弧焊机	台班	1726	0.10	–	–	–	–
12	光纤测试仪	台班	1952	–	–	–	–	–
13	网络分析仪	台班	1958	–	–	–	–	–
14	数字多用表	台班	1969	–	1.11	0.78	–	–
15	三相精密测试电源	台班	1973	–	1.11	0.65	–	–
16	90kW 以内工程修理车	台班	1987	–	–	–	–	–
17	小型机具使用费	元	1998	–	8.4	5.9	5.6	5.6
18	基价	元	1999	1426	325	245	272	272

9. 电力系统调整试验

工程内容:送配电装置系统调试:自动开关或断路器、隔离开关、常规保护装置、电测量仪表、电力电缆等一、二次回路系统的调试。 变压器系统调试:变压器、断路器、互感器、隔离开关、风冷及油循环冷却系统电器装置、常规保护装置等一、二次回路的调试及空投试验。 自动投入装置调试:自动装置、继电器及控制回路的调整试验。 交流同步电动机变频调速:变频装置本体、变频母线、电动机、励磁机、断路器、互感器、电力电缆、保护装置等一、二次回路的调试。 电力、电缆母线试验:测量绝缘电阻、直流耐压试验、测量泄漏电流。

单位:表列单位

顺序号	项 目	单位	代号	送配电装置系统				变压器系统	自动投入装置	
				交流供电(10kV 以下)			直流供电(500V 以下)	10kV 以下变压器	备用电源自投装置	备用电机自投装置
				负荷隔离开关	断路器	带电抗路		容量 560kV·A 以下		
				1 系统					1 套	
				1	2	3	4	5	6	7
				6-4-6-1	6-4-6-2	6-4-6-3	6-4-6-4	6-4-6-5	6-4-6-6	6-4-6-7
1	人工	工日	1	25.0	40.0	46.0	8.0	38.0	14.0	6.0
2	其他材料费	元	996	11.6	18.6	21.4	3.7	17.6	6.5	2.8
3	高压试验变压器全套装置	台班	1971	-	-	-	-	1.00	-	-
4	继电保护测试仪	台班	1972	-	-	-	-	-	2.00	1.00
5	三相精密测试电源	台班	1973	-	-	-	-	-	1.50	0.50

续前页

单位:表列单位

顺序号	项目	单位	代号	送配电装置系统				变压器系统	自动投入装置	
				交流供电(10kV 以下)			直流供电(500V 以下)	10kV 以下变压器	备用电源自投装置	备用电机自投装置
				负荷隔离开关	断路器	带电抗路		容量 560kV·A 以下		
				1 系统					1 套	
				1	2	3	4	5	6	7
				6-4-6-1	6-4-6-2	6-4-6-3	6-4-6-4	6-4-6-5	6-4-6-6	6-4-6-7
6	直流高压发生器	台班	1974	1.00	1.50	2.00	–	1.00	–	–
7	轻型试验变压器	台班	1975	1.00	1.50	2.00	–	1.00	–	–
8	电能校验仪	台班	1977	2.00	2.00	2.00	2.00	1.50	–	–
9	记录仪	台班	1978	–	–	–	–	–	–	–
10	真空断路器测试仪	台班	1979	–	1.00	1.00	–	1.00	–	–
11	小型机具使用费	元	1998	221.2	550.6	622.7	63.3	494.5	77.7	33.9
12	基价	元	1999	1623	2912	3313	560	2881	1162	506

续前页

单位:表列单位

顺序号	项目	单位	代号	自动投入装置		电机变频调速	电力、电缆母线试验	
				线路自动重合闸		交流同步电动机(1000kW 以下)	电缆	母线(段)
				单侧电源	双侧电源			
				1 套		1 系统	1 次	1 根
				8	9	10	11	12
				6-4-6-8	6-4-6-9	6-4-6-10	6-4-6-11	6-4-6-12
1	人工	工日	1	8.0	34.0	192.0	1.3	1.4
2	其他材料费	元	996	3.7	15.8	89.2	2.9	3.2
3	高压试验变压器全套装置	台班	1971	–	–	–	–	–
4	继电保护测试仪	台班	1972	0.50	3.00	–	–	–
5	三相精密测试电源	台班	1973	1.00	3.00	–	–	–
6	直流高压发生器	台班	1974	–	–	6.00	–	–
7	轻型试验变压器	台班	1975	–	–	6.00	–	–
8	电能校验仪	台班	1977	–	–	6.00	–	–
9	记录仪	台班	1978	–	–	17.00	–	–
10	真空断路器测试仪	台班	1979	–	–	2.00	–	–
11	小型机具使用费	元	1998	72.2	292.2	5151.8	39.3	43.5
12	基价	元	1999	617	2625	16431	106	116

注:1. 本定额不包括避雷器、自动装置、特殊保护装置和接地装置的调试;

2. 当断路器为六氟化硫断路器时,定额乘以系数 1.3;

3. 双侧电源自动重合闸是按同期考虑的。

10. 蓄电池安装

工程内容:支架安装:开箱检验、安装、加固、补刷耐酸漆。 蓄电池安装:开箱检验、安装、调整、固定连线、电池标志、调酸注液、充电、放电、测试记录、清理整理。

单位:表列单位

顺序号	项目	单位	代号	蓄电池防震支架安装					装蓄电池柜(小容量用)	铺橡皮绝缘垫	蓄电池安装	
				单层支架		双层支架		3~4层支架			48V 防酸隔爆型	
				单排	双排	单排	双排	双排			≤200A·h	≤500A·h
				1架					1个	10m²	1组	
				1	2	3	4	5	6	7	8	9
				6-3-20-1	6-3-20-2	6-3-20-3	6-3-20-4	6-3-20-5	6-3-20-6	6-3-20-7	6-3-20-8	6-3-20-9
1	人工	工日	1	0.6	0.9	1.3	1.4	2.5	1.0	0.5	28.3	30.0
2	电焊条	kg	231	0.1	2.2	2.7	5.4	–	–	–	–	–
3	膨胀螺栓	套	242	22.0	54.0	22.0	54.0	–	4.0	–	–	–
4	绝缘橡胶板	kg	725	–	–	–	–	–	–	72.0	–	–
5	其他材料费	元	996	2.1	2.1	2.1	2.1	2.1	2.1	2.1	517.5	1025.1
6	32kV·A 以内交流电弧焊机	台班	1726	1.01	2.06	2.49	3.64	–	–	–	–	–
7	基价	元	1999	210	451	412	657	125	65	495	1910	2501

注:支架按成品随设备一起供货,列入设备购置费中。

11. 太阳能电池安装

工程内容: 安装方阵铁架:开箱检验、清洁、加固、调整安装角度、补漆。　安装太阳能电池:开箱检验、清洁,起吊安装组件,调整方位和俯仰角,测试、记录,安装安全遮盖罩布,安装接线盒,组件与接线盒电路连接,子方阵与接线盒电路连接,太阳能电池与控制屏联测。

单位:表列单位

顺序号	项　　目	单位	代号	安装方阵铁架		安装太阳能电池(2000Wp 以下)	太阳能电池与控制屏联测(单方阵系统)
				基础底座上安装	铁塔上安装(高 40m 以下)		
				$10m^2$		1 组	
				1	2	3	4
				6-3-21-1	6-3-21-2	6-3-21-3	6-3-21-4
1	人工	工日	1	4.0	7.5	8.0	4.0
2	50kN 以内单筒慢动卷扬机	台班	1500	1.00	1.00	-	-
3	小型机具使用费	元	1998	-	-	24.7	-
4	基价	元	1999	296	469	418	197

12. 其他配电设备安装

工程内容:1)装调技术准备、装调机具准备、电源检测和施工安全防护、搬运、开箱、检查、定位、安装、互联、设备清理和清洗、接通电源、单机自检、接口正确性检查和调试、联机调试;2)电气调试、指示调试、清理现场;3)搬运、开箱检查、自检、调试;4)设备组装、检查基础、划线定位、安装调试;5)开箱检验、清洁、划线定位、安装固定、补充注油等;6)太阳能供电装置、风光互补装置均为安装在摄像机上。

单位:表列单位

<table>
<tr><td rowspan="5">顺序号</td><td rowspan="5">项目</td><td rowspan="5">单位</td><td rowspan="5">代号</td><td rowspan="3">交流净化稳压器</td><td rowspan="3">高频开关电源(ATX)</td><td colspan="4">UPS 不间断电源</td></tr>
<tr><td colspan="4">规格(kV·A)</td></tr>
<tr><td>6 以内</td><td>10 以内</td><td>30 以内</td><td>50 以内</td></tr>
<tr><td>1 套</td><td colspan="5">1 台</td></tr>
<tr><td>1</td><td>2</td><td>3</td><td>4</td><td>5</td><td>6</td></tr>
<tr><td></td><td></td><td></td><td></td><td>6-2-3-3</td><td>6-2-3-4</td><td>6-2-3-5</td><td>6-2-3-6</td><td>6-2-3-7</td><td>6-2-3-8</td></tr>
<tr><td>1</td><td>人工</td><td>工日</td><td>1</td><td>1.8</td><td>8.0</td><td>6.0</td><td>12.0</td><td>25.0</td><td>35.0</td></tr>
<tr><td>2</td><td>螺栓</td><td>kg</td><td>240</td><td>–</td><td>–</td><td>–</td><td>–</td><td>–</td><td>–</td></tr>
<tr><td>3</td><td>其他材料费</td><td>元</td><td>996</td><td>2.0</td><td>3.8</td><td>2.5</td><td>4.1</td><td>4.1</td><td>6.8</td></tr>
<tr><td>4</td><td>3t 以内蓄电池车</td><td>台班</td><td>1416</td><td>0.20</td><td>–</td><td>–</td><td>–</td><td>–</td><td>–</td></tr>
<tr><td>5</td><td>4t 以内内燃叉车</td><td>台班</td><td>1548</td><td>0.10</td><td>0.10</td><td>0.50</td><td>1.00</td><td>1.00</td><td>1.00</td></tr>
<tr><td>6</td><td>300kg 以内液压升降机</td><td>台班</td><td>1560</td><td>–</td><td>–</td><td>–</td><td>–</td><td>–</td><td>–</td></tr>
<tr><td>7</td><td>小型机具使用费</td><td>元</td><td>1998</td><td>17.7</td><td>6.2</td><td>95.3</td><td>161.5</td><td>292.0</td><td>430.1</td></tr>
<tr><td>8</td><td>基价</td><td>元</td><td>1999</td><td>171</td><td>436</td><td>557</td><td>1084</td><td>1854</td><td>2487</td></tr>
</table>

续前页

单位:表列单位

顺序号	项　目	单位	代号	调压器(kV·A)		电子交流稳压器	太阳能供电装置	风光互补装置
				100 以内	500 以内			
				1 台			1 套	
				7	8	9	10	11
				6-4-9-1	6-4-9-2	6-4-9-3	∗6-5-12-1	∗6-5-12-2
1	人工	工日	1	4.0	6.0	2.0	15.0	20.5
2	螺栓	kg	240	–	–	–	5.8	8.7
3	其他材料费	元	996	–	–	–	8.4	12.6
4	3t 以内蓄电池车	台班	1416	–	–	–	–	–
5	4t 以内内燃叉车	台班	1548	–	–	–	–	–
6	300kg 以内液压升降机	台班	1560	–	–	–	0.50	0.75
7	小型机具使用费	元	1998	6.2	6.2	1.2	85.4	128.1
8	基价	元	1999	203	301	100	932	1300

13. 母线、母线槽等安装

工程内容:母线及引下线安装:平直,制作,安装固定,刷项色漆。 插接式封闭母线槽安装:开箱检查,接头清洗处理,绝缘测试,吊装就位,线槽连接、固定、接地。 金属软管安装:量尺寸,断管,连接接头,钻眼,攻丝,固定等。

单位:表列单位

顺序号	项目	单位	代号	带形母线		带形母线引下线		插接式封闭母线槽安装			金属软管安装
								每相电流(A)			
				铜母线	铝母线	铜母线	铝母线	800以内	1250以内	2000以内	
				10m/单相				10m			
				1	2	3	4	5	6	7	8
				6-6-7-1	6-6-7-2	6-6-7-3	6-6-7-4	6-6-7-5	6-6-7-6	6-6-7-7	6-6-7-8
1	人工	工日	1	2.6	1.8	5.0	3.6	4.0	5.0	7.5	3.0
2	镀锌钢板	t	208	–	–	–	–	0.005	0.012	0.021	–
3	电焊条	kg	231	0.5	–	–	–	2.0	2.0	2.2	–
4	螺栓	kg	240	1.0	1.0	1.0	1.0	–	–	–	–
5	镀锌螺栓	kg	241	4.1	4.1	10.9	10.9	0.3	0.3	0.3	0.1
6	8~12号铁丝	kg	655	–	–	–	–	0.3	0.3	0.3	–
7	绝缘软线	m	715	–	–	–	–	2	2	2	–
8	铜接线端子	个	719	–	–	–	–	8.1	8.1	8.1	–

续前页

单位:表列单位

顺序号	项目	单位	代号	带形母线		带形母线引下线		插接式封闭母线槽安装 每相电流(A)			金属软管安装
				铜母线	铝母线	铜母线	铝母线	800 以内	1250 以内	2000 以内	
				10m/单相				10m			
				1	2	3	4	5	6	7	8
				6-6-7-1	6-6-7-2	6-6-7-3	6-6-7-4	6-6-7-5	6-6-7-6	6-6-7-7	6-6-7-8
9	油漆	kg	732	0.6	0.6	0.5	0.6	0.2	0.2	0.3	-
10	金属软管	m	792	-	-	-	-	-	-	-	10.3
11	其他材料费	元	996	20.6	17.9	48.8	4.2	11.3	26.4	31.4	28.9
12	10kN 以内单筒慢动卷扬机	台班	1498	-	-	-	-	0.35	0.45	0.50	-
13	32kV·A 以内交流电弧焊机	台班	1726	0.17	0.10	-	-	-	-	-	-
14	氩弧焊机	台班	1736	-	-	-	-	0.55	0.55	0.55	-
15	万能母线机	台班	1961	1.00	0.90	1.00	0.90	-	-	-	-
16	小型机具使用费	元	1998	1.0	0.2	8.0	5.0	-	-	-	2.9
17	基价	元	1999	449	376	681	546	444	557	744	241

注:带形母线和引下线的规格为每相一片 800mm^2 以下;母线槽每节之间的接地连线设计规格不同时可进行抽换。

14. 落地式控制箱安装

工程内容:箱体安装,接线,接地,调试和平衡分路负载,销链加油润滑。

单位:1 套

顺序号	项目	单位	代号	半周长 2m 以内			
				二路	三路	四路	六路
				1	2	3	4
				6-6-8-1	6-6-8-2	6-6-8-3	6-6-8-4
1	人工	工日	1	5.3	5.6	5.9	6.2
2	电焊条	kg	231	0.1	0.1	0.1	0.1
3	螺栓	kg	240	1.2	1.2	1.2	1.2
4	铁件	kg	651	0.5	0.8	1.0	1.3
5	皮线	m	714	4	4	4	4
6	铜接线端子	个	719	8.2	12.4	16.5	20.6
7	路灯控制箱	个	727	1	1	1	1
8	其他材料费	元	996	3.1	4.0	5.0	6.0
9	4t 以内载货汽车	台班	1372	0.15	0.15	0.20	0.20
10	32kV·A 以内交流电弧焊机	台班	1726	0.01	0.01	0.01	0.01
11	基价	元	1999	509	555	614	659

15. 成套配电箱安装

工程内容:成套配电箱:开箱检查,安装,查校线,接地。　配电箱(明装):测位,划线,打眼,埋螺栓,安装,固定,接线,接地等。
杆上配电箱:支架、横担、撑铁安装,设备安装固定、检查、调整,配线、接线、接地。

单位:10 台

顺序号	项目	单位	代号	成套配电箱			明装配电箱	杆上配电箱
				落地式	悬挂嵌入式(半周长 m)			
					1.0	2.5		
				1	2	3	4	5
				6-6-9-1	6-6-9-2	6-6-9-3	6-6-9-4	6-6-9-5
1	人工	工日	1	36.3	13.0	28.0	11.1	31.5
2	钢板	t	183	0.003	0.002	0.002	-	-
3	镀锌钢板	t	208	0.015	-	0.015	-	0.040
4	电焊条	kg	231	1.5	1.3	1.5	-	-
5	镀锌螺栓	kg	241	5.1	2.6	3.4	-	5.1
6	膨胀螺栓	套	242	-	-	-	40.8	-
7	裸铝(铜)线	m	712	2	2	2	-	-
8	铜接线端子	个	719	-	20.3	-	-	-
9	塑料软管	kg	782	3.0	1.5	2.5	1.5	32.1

续前页

单位:10台

顺序号	项目	单位	代号	成套配电箱			明装配电箱	杆上配电箱
				落地式	悬挂嵌入式(半周长 m)			
					1.0	2.5		
				1	2	3	4	5
				6-6-9-1	6-6-9-2	6-6-9-3	6-6-9-4	6-6-9-5
10	其他材料费	元	996	34.7	30.2	50.3	20.8	111.7
11	4t 以内载货汽车	台班	1372	0.60	0.20	0.60	–	–
12	5t 以内汽车式起重机	台班	1449	1.00	0.40	0.60	–	–
13	32kV·A 以内交流电弧焊机	台班	1726	0.65	0.52	0.65	–	0.19
14	小型机具使用费	元	1998	–	–	–	10.5	–
15	基价	元	1999	2689	1159	2105	737	2529

注:本定额成套配电箱安装未包括支架制作、安装。

16. 接线箱、盒安装

工程内容:接线箱:测位,打眼,埋螺栓,开孔,刷漆,固定。 接线盒:测定,固定,修孔。

单位:10 个

顺序号	项目	单位	代号	明装接线箱		暗装接线箱		接线盒	
				接线箱半周长(mm)					
				700 以内	1500 以内	700 以内	1500 以内	暗装	明装
				1	2	3	4	5	6
				6-6-10-1	6-6-10-2	6-6-10-3	6-6-10-4	6-6-10-5	6-6-10-6
1	人工	工日	1	9.5	12.9	10.6	16.2	0.5	0.8
2	螺栓	kg	240	2.4	3.7	–	–	–	0.2
3	接线箱	个	728	10	10	10	10	–	–
4	其他材料费	元	996	1.3	1.3	7.2	13.0	44.1	22.5
5	基价	元	1999	8069	8250	8103	8385	69	64

17. 灯 架 安 装

工程内容: 固定式灯盘安装:测位,划线,成套吊装,找正,螺栓固定,配线,焊压包头。 升降式灯盘安装:测位,划线,成套吊装,找正,螺栓固定,配线,焊压包头,升降传动装置安装,清洗上油,试验。

单位:1 套

顺序号	项　目	单位	代号	灯盘固定式		灯盘升降式	
				灯火数(以内)			
				24	60	24	60
				1	2	3	4
				6-4-10-1	6-4-10-2	6-4-10-3	6-4-10-4
1	人工	工日	1	31.4	41.8	36.1	48.1
2	电焊条	kg	231	0.2	0.3	–	–
3	电线	m	711	178	431	178	431
4	升降传动装置	套	729	–	–	1	1
5	其他材料费	元	996	25.3	53.4	48.2	78.5
6	4t 以内载货汽车	台班	1372	0.50	0.50	0.50	0.50
7	16t 以内汽车式起重机	台班	1452	0.50	1.00	0.50	1.00
8	20m 以内高空作业车	台班	1463	0.50	1.00	0.50	1.00
9	32kV·A 以内交流电弧焊机	台班	1726	0.11	0.14	0.11	0.14
10	基价	元	1999	2995	5004	3304	5393

注:灯架作为设备列入设备购置费中。

18. 立 灯 杆

工程内容:插接式灯杆的组合、灯杆组立、灯杆找正、防水螺帽安装、补漆。

单位:1 根

顺序号	项 目	单位	代号	灯杆高度(m)				
				10 以内	15 以内	20 以内	30 以内	40 以内
				1	2	3	4	5
				6-4-11-1	6-4-11-2	6-4-11-3	6-4-11-4	6-4-11-5
1	人工	工日	1	1.9	3.3	6.2	33.1	44.0
2	镀锌钢管	t	192	-	-	-	0.228	0.302
3	镀锌钢板	t	208	0.001	0.001	0.006	0.010	0.020
4	镀锌螺栓	kg	241	1.5	1.5	6.7	13.4	17.9
5	其他材料费	元	996	11.0	12.8	47.1	1230.0	1691.8
6	12t 以内汽车式起重机	台班	1451	0.07	0.11	0.33	0.53	0.67
7	50t 以内汽车式起重机	台班	1457	-	-	-	0.60	-
8	75t 以内汽车式起重机	台班	1458	-	-	-	-	0.80
9	小型机具使用费	元	1998	1.8	3.1	5.8	76.2	97.7
10	基价	元	1999	184	284	725	6374	8920

注:灯杆作为设备列入设备购置费中。

19. 杆 座 安 装

工程内容:座箱部件检查,安装,找正,箱体接地,接点防水,绝缘处理。

单位:10 只

顺序号	项　目	单位	代号	成套型	组装型
				金属杆座	混凝土制件
				1	2
				6-4-12-1	6-4-12-2
1	人工	工日	1	3.[illegible]	6.0
2	螺栓	kg	240	0.9	0.6
3	电线	m	711	47	32
4	塑料弹簧软管(ϕ50mm)	m	783	7.0	7.0
5	其他材料费	元	996	5.3	2.9
6	4t 以内载货汽车	台班	1372	0.50	0.50
7	基价	元	1999	524	616

注:灯座箱作为设备列入设备购置费中。

20. 高杆灯具安装

工程内容:开箱、清扫、检查、灯具安装、连线、补漆、试亮等。

单位:1套

顺序号	项　目	单位	代号	高杆灯具安装(单弧灯具)			
				杆　高　(m)			升降式
				10以内	15以内	20以内	2m
				1	2	3	4
				6-4-13-1	6-4-13-2	6-4-13-3	6-4-13-4
1	人工	工日	1	1.1	1.7	3.9	-
2	照明灯具	盏	698	1	1	1	1
3	电线	m	711	22	35	49	7
4	其他材料费	元	996	12.7	16.6	22.1	3.0
5	15m以内高空作业车	台班	1462	0.20	0.25	-	-
6	20m以内高空作业车	台班	1463	-	-	0.25	-
7	小型机具使用费	元	1998	1.0	1.6	3.7	0.9
8	基价	元	1999	751	845	1057	545

注:灯具挑臂及灯泡的费用应包含在照明灯具的预算价格中。

21. 照明灯具安装

工程内容:照明器件安装:开箱检查,固定,配线,测位,划线,打眼,埋螺栓,支架安装,灯具组装,接线焊包头,灯泡安装,试亮。

荧光灯具安装:测位,划线,打眼,埋螺栓,上木台,吊链,吊管加工,灯具组装,接线,焊接包头,试亮。

单位:100 套

顺序号	项目	单位	代号	照明器件安装						荧光灯具安装(组装型)		
				碘钨灯	管形氙灯	投光灯	高压汞灯泡	高(低)压钠灯	白炽灯泡	吸顶式		
										单管	双管	三管
				1	2	3	4	5	6	7	8	9
				6-4-14-1	6-4-14-2	6-4-14-3	6-4-14-4	6-4-14-5	6-4-14-6	6-4-14-7	6-4-14-8	6-4-14-9
1	人工	工日	1	31.0	33.6	31.0	8.8	8.8	8.0	24.0	37.0	45.0
2	钢板	t	183	–	0.300	0.100	–	–	–	–	–	–
3	电焊条	kg	231	–	10.0	10.0	–	–	–	–	–	–
4	螺栓	kg	240	8.0	40.0	20.0	–	–	–	–	–	–
5	膨胀螺栓	套	242	–	–	–	–	–	–	204.0	204.0	204.0
6	照明灯具	盏	698	101	101	101	101	101	101	101	101	101
7	电线	m	711	200	–	200	–	–	–	480	780	1090
8	其他材料费	元	996	–	–	–	–	–	–	12.0	19.0	25.0
9	10m 以内高空作业车	台班	1461	–	–	–	2.00	2.00	–	–	–	–
10	32kV·A 以内交流电弧焊机	台班	1726	–	4.20	4.20	–	–	–	–	–	–
11	基价	元	1999	54953	56711	56015	53926	53926	53202	55956	57404	58631

注:电容器安装已包含在定额内。

22. 标志、诱导装饰灯具

工程内容:开箱清点,测位划线,打眼埋螺栓,支架制作、安装,灯具拼装固定,挂装饰部件,接焊线包头等。

单位:100 套

顺序号	项　　目	单位	代号	吸顶式	吊杆式	墙壁式	嵌入式
				1	2	3	4
				6-4-15-1	6-4-15-2	6-4-15-3	6-4-15-4
1	人工	工日	1	24.0	29.0	24.0	28.0
2	膨胀螺栓	套	242	204.0	204.0	-	-
3	照明灯具	盏	698	101	101	101	101
4	电线	m	711	50	80	50	60
5	其他材料费	元	996	121.9	2368.5	176.6	83.2
6	基价	元	1999	54918	57491	54300	54430

23. 其他灯具安装

工程内容:打眼,埋螺栓,支架安装,灯具组装,配线,接线,焊接包头,校试。

单位:100 套

顺序号	项目	单位	代号	桥梁栏杆灯		地道涵洞灯
				成套嵌入式	组装嵌入式	嵌入式密封型
				1	2	3
				6-4-16-1	6-4-16-2	6-4-16-3
1	人工	工日	1	67.0	81.0	44.0
2	膨胀螺栓	套	242	408.0	816.0	408.0
3	照明灯具	盏	698	101	101	101
4	电线	m	711	500	500	160
5	其他材料费	元	996	22.0	31.9	13.7
6	4t 以内载货汽车	台班	1372	4.00	4.00	-
7	10m 以内高空作业车	台班	1461	-	-	4.00
8	基价	元	1999	59984	62029	58130

24. 附属配套设施安装

工程内容:1)挖基、回填;2)现浇混凝土基础的全部工序。

单位:表列单位

顺序号	项目	单位	代号	高杆灯基础	
				基础混凝土	钢筋
				$10m^3$	1t
				1	2
				*6-5-24-1	*6-5-24-2
1	人工	工日	1	21.7	14.4
2	C25 水泥混凝土	m^3	19	(10.20)	–
3	锯材	m^3	102	0.001	–
4	光圆钢筋	t	111	–	1.025
5	带肋钢筋	t	112	0.125	–
6	型钢	t	182	0.047	–
7	镀锌钢管	t	192	0.108	–
8	镀锌钢板	t	208	0.249	–
9	组合钢模板	t	272	0.007	–
10	铁件	kg	651	3.3	–

续前页　　　　单位:表列单位

顺序号	项　　目	单位	代号	高 杆 灯 基 础	
				基础混凝土	钢筋
				$10m^3$	1t
				1	2
				*6-5-24-1	*6-5-24-2
11	8－10 号铁丝	kg	655	1.9	－
12	20－22 号铁丝	kg	656	－	5.1
13	32.5 级水泥	t	832	3.417	－
14	水	m^3	866	12	－
15	中(粗)砂	m^3	899	4.90	－
16	碎石(4cm)	m^3	952	8.47	－
17	其他材料费	元	996	34.6	－
18	小型机具使用费	元	1998	4.0	－
19	基价	元	1999	5712	4124

注:设备基础混凝土中型钢、镀锌钢管、镀锌钢板(法兰盘)、钢筋(地脚螺栓)等量按照实际进行调整。

第五节　隧道通风系统

说　　明

1. 本节包括射流风机安装、离心风机安装、轴流风机安装、洞内预埋件、附属配套设备安装等项目。

2. 本定额中不含通风机的购置费用,应按规定列入预算第二部分“设备及工具、器具购置费”中。

3. 通风机预埋件按设计所示为完成通风机安装而需预埋的一切金属构件的质量计算工程数量,包括钢拱架、通风机拱部钢筋、通风机支座及各部分连接件等。

4. 洞内预埋件工程量按设计预埋件的敷设长度计算,定额中已综合了预留导线的数量。

5. 新增补充定额采用“ * ”标记。在附属配套设备安装系统和通风系统调试中增列。

1.射流风机安装

工程内容:通风机预埋件:花拱架、拱部钢筋、风机支座制作、安装。 射流风机安装:支架安装、拆除,吊装风机。

单位:表列单位

顺序号	项目	单位	代号	通风机预埋件	射流风机安装
				1t	1 台
				1	2
				3-4-1-1	3-4-1-2
1	人工	工日	1	23.5	17.6
2	锯材	m^3	102	–	0.026
3	光圆钢筋	t	111	0.245	–
4	带肋钢筋	t	112	0.515	–
5	型钢	t	182	0.016	–
6	钢板	t	183	0.252	–
7	钢管	t	191	–	0.010
8	电焊条	kg	231	8.1	–
9	铁件	kg	651	5.8	0.7
10	20~22 号铁丝	kg	656	2.3	–

续前页

单位:表列单位

顺序号	项　　目	单位	代号	通风机预埋件	射流风机安装
				1t	1 台
				1	2
				3-4-1-1	3-4-1-2
11	其他材料费	元	996	11.8	5.0
12	4t 以内载货汽车	台班	1372	0.20	-
13	6t 以内载货汽车	台班	1374	-	1.12
14	5t 以内汽车式起重机	台班	1449	-	1.22
15	32kV·A 以内交流电弧焊机	台班	1726	2.94	-
16	小型机具使用费	元	1998	17.0	15.3
17	基价	元	1999	5371	1820

2. 离心风机安装

工程内容:安装:设备本体及与本体联体的附件、管道、润滑冷却装置等的清洗、刮研、组装、调试,联轴器或皮带以及安全防护罩安装,设备带有的电动机及减振器安装。　拆装检查:设备本体及部件、第一个阀门以内的管道等拆卸、清洗、检查、刮研、换油、调间隙及调配重、找正、找平、找中心、记录、组装复原。

单位:1 台

顺序号	项目	单位	代号	安装			拆装检查		
				设备质量(t)					
				1.5 以内	5 以内	10 以内	1.5 以内	5 以内	10 以内
				1	2	3	4	5	6
				3-4-2-1	3-4-2-2	3-4-2-3	3-4-2-4	3-4-2-5	3-4-2-6
1	人工	工日	1	17.3	44.0	82.0	8.1	24.8	44.2
2	C25 水泥混凝土	m^3	19	(0.28)	(0.53)	(0.82)	–	–	–
3	锯材	m^3	102	0.010	0.019	0.031	–	–	–
4	电焊条	kg	231	0.3	0.8	1.6	–	–	–
5	铁件	kg	651	4.1	24.0	40.0	–	–	–
6	8 ~ 12 号铁丝	kg	655	1.0	3.0	5.0	–	–	4.0
7	32.5 级水泥	t	832	0.103	0.195	0.302	–	–	–
8	中(粗)砂	m^3	899	0.13	0.25	0.39	–	–	–

续前页　　单位:1 台

顺序号	项目	单位	代号	安装			拆装检查		
				设备质量(t)					
				1.5 以内	5 以内	10 以内	1.5 以内	5 以内	10 以内
				1	2	3	4	5	6
				3-4-2-1	3-4-2-2	3-4-2-3	3-4-2-4	3-4-2-5	3-4-2-6
9	碎石(2cm)	m^3	951	0.22	0.42	0.66	-	-	-
10	其他材料费	元	996	159.6	416.7	659.6	34.9	102.3	190.3
11	12t 以内汽车式起重机	台班	1451	-	-	0.50	-	-	-
12	50kN 以内单筒慢动卷扬机	台班	1500	0.30	0.50	1.00	-	-	2.00
13	5t 以内内燃叉车	台班	1549	0.20	0.50	-	-	-	-
14	21kV·A 以内交流电弧焊机	台班	1725	0.30	0.50	1.50	-	-	-
15	基价	元	1999	1244	3140	5698	433	1322	2589

3. 轴流风机安装

工程内容:安装:设备本体及与本体联体的附件、管道、润滑冷却装置等的清洗、刮研、组装、调试,联轴器或皮带以及安全防护罩安装,设备带有的电动机及减振器安装。 拆装检查:设备本体及部件、第一个阀门以内的管道等拆卸、清洗、检查、刮研、换油、调间隙及调配重、找正、找平、找中心、记录、组装复原。

单位:1 台

顺序号	项目	单位	代号	安装				拆装检查			
				设备质量(t)							
				1 以内	3 以内	6 以内	10 以内	1 以内	3 以内	6 以内	10 以内
				1	2	3	4	5	6	7	8
				3-4-3-1	3-4-3-2	3-4-3-3	3-4-3-4	3-4-3-5	3-4-3-6	3-4-3-7	3-4-3-8
1	人工	工日	1	8.9	22.8	54.1	81.8	5.4	15.8	28.0	43.3
2	C25 水泥混凝土	m^3	19	(0.18)	(0.28)	(0.53)	(0.73)	–	–	–	–
3	锯材	m^3	102	0.010	0.010	0.019	0.028	–	–	–	–
4	钢板	t	183	0.001	0.001	0.001	0.007	–	–	–	–
5	电焊条	kg	231	0.4	0.6	0.6	2.1	–	–	–	–
6	铁件	kg	651	4.1	11.6	15.5	40.0	–	–	–	–
7	8 ~ 12 号铁丝	kg	655	0.8	1.0	4.0	6.0	–	–	–	5.0
8	32.5 级水泥	t	832	0.066	0.103	0.195	0.269	–	–	–	–

续前页

单位:1 台

顺序号	项目	单位	代号	安装				拆装检查			
				设备质量(t)							
				1 以内	3 以内	6 以内	10 以内	1 以内	3 以内	6 以内	10 以内
				1	2	3	4	5	6	7	8
				3-4-3-1	3-4-3-2	3-4-3-3	3-4-3-4	3-4-3-5	3-4-3-6	3-4-3-7	3-4-3-8
9	中(粗)砂	m^3	899	0.09	0.13	0.25	0.35	-	-	-	-
10	碎石(2cm)	m^3	951	0.14	0.22	0.42	0.58	-	-	-	-
11	其他材料费	元	996	83.4	204.2	323.5	558.9	29.5	81.7	147.2	192.9
12	12t 以内汽车式起重机	台班	1451	-	-	0.50	0.50	-	-	-	-
13	50kN 以内单筒慢动卷扬机	台班	1500	-	0.20	0.40	1.00	-	-	-	2.50
14	5t 以内内燃叉车	台班	1549	0.20	0.40	-	-	-	-	-	-
15	32kV·A 以内交流电弧焊机	台班	1726	0.10	0.30	0.50	1.00	-	-	-	-
16	基价	元	1999	692	1675	3656	5571	295	859	1525	2603

4. 洞内预埋件

工程内容：钢管：测位、划线、锯管、套丝、配管。　可挠性金属套管：测位、划线、断管、配管。

单位：表列单位

顺序号	项　目	单位	代号	钢　管	可挠性金属套管
				100m	
				1	2
				3-4-4-1	3-4-4-2
1	人工	工日	1	10.3	4.9
2	钢管	t	191	0.508	–
3	电焊条	kg	231	1.1	–
4	20～22 号铁丝	kg	656	0.7	0.7
5	可挠金属管(LV－5/38 号)	m	798	–	106.00
6	其他材料费	元	996	98.9	135.8
7	32kV·A 以内交流电弧焊机	台班	1726	0.59	–
8	基价	元	1999	3527	858

5. 附属配套设备安装

工程内容:1)风机控制箱:开箱、检查、安装,各种电器、表计等附件的拆装,送交试验,盘内整理,一次接线;2)龙门吊:龙门吊静负荷、动负荷及超负荷试运转,必须的端梁铆接;3)大车轨道:测量、领料、下料、矫直、钻孔,车档制作与安装的领料、下料、调直、组装、焊接、刷漆等;4)防火门、钢卷帘门:包括制作、安装、塞口、油漆、玻璃、填麻丝、压缩条及贴脸等;5)组合电动风阀:对口、校正、上螺栓、垫垫、紧固、试动。

单位:表列单位

顺序号	项目	单位	代号	风机控制箱	龙门吊	大车轨道	防火门	钢卷帘门	组合电动风阀
				1 台	1 套	10m	1m²		1 台
				1	2	3	4	5	6
				＊6-6-5-1	＊6-6-5-2	＊6-6-5-3	＊6-6-5-4	＊6-6-5-5	＊6-6-5-6
1	人工	工日	1	2.0	223.0	12.5	1.1	0.7	1.1
2	锯材	m³	102	–	0.117	0.010	–	–	–
3	圆钢	t	184	–	–	0.013	–	–	–
4	镀锌钢板	t	208	0.001	–	0.003	0.011	–	–
5	电焊条	kg	231	0.1	15.4	0.9	–	–	–
6	镀锌螺栓	kg	241	0.4	–	–	–	–	–
7	钢卷帘门	m²	679	–	–	–	–	1	–
8	防火门	m²	680	–	–	–	1	–	–

续前页

单位:表列单位

顺序号	项目	单位	代号	风机控制箱	龙门吊	大车轨道	防火门	钢卷帘门	组合电动风阀
				1 台	1 套	10m	1m²		1 台
				1	2	3	4	5	6
				*6-6-5-1	*6-6-5-2	*6-6-5-3	*6-6-5-4	*6-6-5-5	*6-6-5-6
9	油漆	kg	732	-	-	-	0.8	0.8	-
10	塑料软管	kg	782	0.5	-	-	-	-	-
11	塑料弹簧软管(φ50mm)	m	783	5.0	-	-	-	-	-
12	325 水泥	t	832	-	-	0.094	0.001	-	-
13	汽油	kg	862	-	3.9	-	-	-	-
14	中粗砂	m³	899	-	-	0.15	-	-	-
15	碎石(2cm)	m³	951	-	-	0.16	-	-	-
16	其他材料费	元	996	5.6	425.5	1279.0	57.5	9.0	25.6
17	4t 以内载货汽车	台班	1372	0.05	0.72	-	-	-	-
18	5t 以内汽车式起重机	台班	1449	0.05	0.64	-	-	-	-
19	32kV·A 以内交流电弧焊机	台班	1726	0.04	-	-	-	-	-
20	基价	元	1999	219	12107	2019	838	654	80

6. 通风系统调试

工程内容:技术和器具准备、检查接线、绝缘检查、程序装载或校对检查、功能测试、系统试验、记录整理。

单位:10 处

顺序号	项目	单位	代号	电动防火门控制系统装置	防火卷帘门控制系统装置	通风系统装置调试
				1	2	3
				3-4-13-4	3-4-13-5	*6-6-6-1
1	人工	工日	1	10.7	52.1	6.9
2	电	kW·h	865	2	108	5
3	其他材料费	元	996	-	4.8	386.6
4	小型机具使用费	元	1998	25.0	134.4	69.1
5	基价	元	1999	553	2762	798

第六节　光缆、电缆敷设

说　　明

1. 本节定额包括:室内光缆穿放和连接、安装测试光缆终端盒、室外敷设管道光缆、光缆连接、光纤测试、穿放或布放电话线、敷设双绞线缆、跳线架和配线架安装、布放同轴电缆、敷设多芯电缆、安装线槽、开槽、电缆沟铺砂盖板、揭盖板、铜芯电缆敷设、热缩式电缆终端头或中间头制作安装、控制电缆头制作安装、桥架或支架安装等共17个项目。

2. 本节定额均包括:准备工作、施工安全防护、搬运、开箱、检查、定位、安装、清理、接电源、接口正确性检查和调试、清理现场和办理交验手续等工作内容。

3. 本节定额不包括:设备本身的功能性故障排除,制作缺件、配件,在特殊环境下的设备加固、防护等工作内容。

4. 双绞线缆的敷设及跳线架和配线架的安装、打接定额消耗量是按五类非屏蔽布线系统编制的,高于五类的布线工程按定额人工工日消耗量增加10%、屏蔽系统增加20%计取。

5. 铜芯电缆敷设定额均按三芯(包括三芯连地)考虑的,4芯电力电缆敷设定额乘以系数1.15,5芯电力电缆敷设定额乘以系数1.3,6芯电力电缆乘以系数1.6,每增加一芯定额增加30%,以此类推。单芯电力电缆敷设按同截面电缆定额乘以0.67。

6. 工程量计算规则:

(1)电缆敷设按单根延长米计算(如一个架上敷设3根各长100m的电缆,工程量应按300m计算,以此类推)。电缆附加及预留的长度是电缆敷设长度的组成部分,应计入电缆工程量之内。电缆进入建筑物预留长度按2m计算,电缆进入沟内或吊架预留长度按1.5m计算,电缆中间接头盒预留长度两端各按2m计算。

(2)电缆沟盖板揭、盖定额,按每揭、盖一次以延长米计算。如又揭又盖,则按两次计算。

(3)施工单位为配合认证单位验收测试而发生的费用,按本定额验证测试子目的工日、仪器仪表台班总用量乘以0.30系数计取。

7.新增补充定额采用“*”标记。在电缆沟填挖、铺砂盖板、揭盖板系统,铜芯电缆敷设系统中分别增补。

1. 室内光缆穿放、连接

工程内容:光缆敷设:检验、测试光缆,清理管(暗槽),制作穿线端头(钩),穿放引线,穿放光缆、出口衬垫,做标记,封堵出口等。 布放光缆护套:清理槽道,布放、绑扎光缆护套,加垫套,做标记,封堵出口等。 气流法布放光纤束:检验、测试光纤,检查护套,气吹布放光纤束,做标记,封堵出口等。 光纤连接:端面处理,纤芯连接、测试,包封护套、盘绕,固定光纤等。 布放尾纤:光纤熔接,测试衰耗,固定光纤连接器,盘留固定。

单位:表列单位

顺序号	项目	单位	代号	光缆穿放			布放光缆护套	气流法布放光纤束	光纤连接		布放尾纤
				管(槽)规格(芯)					多模	单模	光纤配线架架内跳线
				12 以内	36 以内	72 以内					
				100m					10 芯		10 根
				1	2	3	4	5	6	7	8
				6-5-1-1	6-5-1-2	6-5-1-3	6-5-1-4	6-5-1-5	6-5-1-6	6-5-1-7	6-5-1-8
1	人工	工日	1	1.7	2.5	3.3	1.8	1.1	4.0	5.0	2.0
2	光缆	m	701	102	102	102	–	102	–	–	–
3	光缆护套	m	702	–	–	–	101	–	–	–	–
4	光纤连接器材	套	706	–	–	–	–	–	10.1	10.1	–
5	尾纤	根	707	–	–	–	–	–	–	–	10.2
6	光纤熔接机	台班	1948	–	–	–	–	–	0.30	0.30	0.20
7	光缆气流吹缆机	台班	1949	–	–	–	–	0.02	–	–	–
8	光纤测试仪	台班	1952	–	–	–	–	–	1.50	1.50	–
9	小型机具使用费	元	1998	3.6	7.1	10.7	3.6	2.8	–	–	13.0
10	基价	元	1999	2127	2170	2213	1102	2107	1251	1300	1678

注:凡大于72芯时,按照等数量的进档差值增加人工工日消耗。

2. 安装测试光缆终端盒

工程内容:安装光缆终端盒,光纤熔接,测试衰减,光纤的盘留固定。

单位:10 个

顺序号	项　　目	单位	代号	光缆终端盒(芯)					
				20 以内	28 以内	48 以内	60 以内	72 以内	96 以内
				1	2	3	4	5	6
				6-5-2-1	6-5-2-2	6-5-2-3	6-5-2-4	6-5-2-5	6-5-2-6
1	人工	工日	1	20.0	28.0	48.0	60.0	72.0	96.0
2	镀锌螺栓	kg	241	0.9	0.9	0.9	0.9	0.9	0.9
3	光缆终端盒(48 芯以内)	个	704	10.2	10.2	10.2	10.2	10.2	10.2
4	光纤熔接机	台班	1948	8.00	9.00	12.00	24.00	26.00	30.00
5	小型机具使用费	元	1998	208.7	234.8	313.1	626.2	678.3	782.7
6	基价	元	1999	7569	8172	9784	12888	13897	15916

3. 室外敷设管道光缆

工程内容:检查光缆,配盘,清刷管孔,穿放引线,敷设光缆,安装托板、人孔中保护管,盘余长,光缆标记。

单位:100m

顺序号	项目	单位	代号	敷设管道光缆(芯数)				气流穿放管道光缆(芯数)			
				12 以内	36 以内	72 以内	96 以内	12 以内	36 以内	72 以内	96 以内
				1	2	3	4	5	6	7	8
				6-5-3-1	6-5-3-2	6-5-3-3	6-5-3-4	6-5-3-5	6-5-3-6	6-5-3-7	6-5-3-8
1	人工	工日	1	4.0	4.3	5.0	5.3	1.1	1.2	1.2	1.2
2	8~12 号铁丝	kg	655	2.3	2.3	2.3	2.3	–	–	–	–
3	光缆	m	701	102	102	102	102	102	102	102	102
4	其他材料费	元	996	16.0	16.0	16.0	16.0	27.0	27.0	27.0	27.0
5	6t 以内载货汽车	台班	1374	–	–	–	–	0.01	0.01	0.02	0.02
6	$17m^3/min$ 以内机动空压机	台班	1844	–	–	–	–	0.01	0.01	0.02	0.02
7	光缆气流吹缆机	台班	1949	–	–	–	–	0.01	0.01	0.02	0.02
8	光时域反射仪	台班	1950	0.01	0.02	0.04	0.05	–	–	–	–
9	基价	元	1999	2274	2306	2345	2377	2137	2142	2157	2157

4. 光 缆 接 续

工程内容:光缆接续:检验器材,确定接头位置,熔接纤芯,接续加强芯,盘绕固定预留光纤,复测衰减,安装接头盒、托架等。 光缆成端接头:检查器材,熔接尾纤,测试衰减,固定活接头,固定光缆,堵头制作、固定。

单位:表列单位

顺序号	项目	单位	代号	光缆接续(芯)								光缆成端接头
				12以内	24以内	36以内	48以内	60以内	72以内	84以内	96以内	
				10头								10套
				1	2	3	4	5	6	7	8	9
				6-5-4-1	6-5-4-2	6-5-4-3	6-5-4-4	6-5-4-5	6-5-4-6	6-5-4-7	6-5-4-8	6-5-4-9
1	人工	工日	1	15.0	30.0	45.0	60.0	75.0	90.0	105.0	120.0	5.0
2	光缆接头盒	套	703	10.1	10.1	10.1	10.1	10.1	10.1	10.1	10.1	-
3	其他材料费	元	996	-	-	-	-	-	-	-	-	21.0
4	4t以内载货汽车	台班	1372	5.00	8.00	10.00	12.00	14.00	16.00	18.00	20.00	-
5	光纤熔接机	台班	1948	5.00	8.00	10.00	12.00	14.00	16.00	18.00	20.00	0.50
6	光时域反射仪	台班	1950	5.00	8.00	10.00	12.00	14.00	16.00	18.00	20.00	0.50
7	小型机具使用费	元	1998	-	-	-	-	-	-	-	-	5.3
8	基价	元	1999	11836	16202	19359	22516	25673	28830	31987	35144	730

注:接头盒保护套的费用包含在接头盒的预算价格中。

5. 光 纤 测 试

工程内容:按施工验收规范要求测试、记录、整理资料等。

单位:1 链路(芯)

顺序号	项　目	单位	代号	光纤测试
				1
				6-5-5-1
1	人工	工日	1	0.2
2	光纤测试仪	台班	1952	0.10
3	基价	元	1999	43

6. 穿放、布放电话线

工程内容：穿放、布放电话线：开箱，线缆检查、编号、安装（穿放、布放）、断线、固定、临时封头，清理场地。 电话组线箱安装：组线箱安装、接地等。 电话线出口：面板安装。

单位：表列单位

顺序号	项　目	单位	代号	穿放、布放电话线（对）			电话组线箱安装	电话线出口（普通型）
				20 以内	50 以内	200 以内		
				1000m			1 台	1000m
				1	2	3	4	5
				6-5-7-1	6-5-7-2	6-5-7-3	6-5-7-4	6-5-7-5
1	人工	工日	1	16.0	24.0	50.0	10.5	0.4
2	镀锌钢板	t	208	-	-	-	0.004	-
3	电焊条	kg	231	-	-	-	0.5	-
4	镀锌螺栓	kg	241	-	-	-	-	0.2
5	8～12 号铁丝	kg	655	29.6	29.6	91.8	-	-
6	电缆	m	708	1010	1010	1010	-	-
7	其他材料费	元	996	-	-	-	9.3	10.2
8	32kV·A 以内交流电弧焊机	台班	1726	-	-	-	0.20	-
9	小型机具使用费	元	1998	35.5	53.3	88.8	-	-
10	基价	元	1999	41333	41744	43438	573	33

7. 敷设双绞线缆

工程内容:敷设双绞线缆:检验、抽测电缆,清理管(暗槽),制作穿线端头(钩),穿放引线、电缆,做标记,封堵出口等。　跳线制作:量裁线缆、线缆与跳线连接器的安装卡接、做屏蔽、检查测试等。　跳线卡接:编扎固定线缆、卡线、核对线序、安装固定接线模块(跳线盘)、做标记等。　插座安装:1)固定线缆、校对线序、卡线、做屏蔽、安装固定面板及插座、做标记等;2)开孔、安装盒体、连接处密封、做标记等。　双绞线缆测试:按施工验收规范要求测试、记录、整理资料等。

单位:表列单位

顺序号	项　目	单位	代号	敷设双绞线缆(对)					跳线制作	跳线卡接	插座安装		双绞线缆测试
				4 以内	25 以内	50 以内	100 以内	200 以内			插座	插座底盒	
				1000m					1 条	10 对	1 个		1 链路(信息点)
				1	2	3	4	5	6	7	8	9	10
				6-5-8-1	6-5-8-2	6-5-8-3	6-5-8-4	6-5-8-5	6-5-8-6	6-5-8-7	6-5-8-8	6-5-8-9	6-5-8-10
1	人工	工日	1	13.0	16.0	22.0	32.0	45.0	0.1	0.2	0.1	0.2	0.2
2	8~12 号铁丝	kg	655	2.0	2.0	2.0	2.0	2.0	–	–	–	–	–
3	电缆	m	708	1010	1010	1010	1010	1010	–	–	–	–	–
4	其他材料费	元	996	20.2	40.4	80.8	121.2	161.6	2.0	–	1.0	1.0	–
5	局域网电缆测试仪	台班	1953	–	–	–	–	–	–	–	–	–	0.15
6	小型机具使用费	元	1998	47.8	74.4	120.3	205.1	339.3	1.1	–	–	–	0.4
7	基价	元	1999	41049	41244	41625	42242	43056	8	10	6	11	30

8. 跳线架、配线架安装

工程内容:安装打接跳线架、配线架,卡接双绞线缆,编扎固定双绞线缆,卡线,做屏蔽,校对线序,做标记等。

单位:表列单位

顺序号	项目	单位	代号	跳线架安装打接			配线架安装打接				线管理器安装
				100 对	200 对	400 对	12 口	24 口	48 口	96 口	
				1 条							10 个
				1	2	3	4	5	6	7	8
				6-5-9-1	6-5-9-2	6-5-9-3	6-5-9-4	6-5-9-5	6-5-9-6	6-5-9-7	6-5-9-8
1	人工	工日	1	2.0	3.8	7.5	1.2	2.4	4.6	9.0	1.0
2	其他材料费	元	996	1.0	1.5	2.0	1.0	1.5	2.0	3.0	-
3	小型机具使用费	元	1998	9.1	18.1	36.3	5.4	11.8	21.8	45.3	-
4	基价	元	1999	109	207	407	65	131	250	491	49

9. 布放同轴电缆

工程内容:布放同轴电缆:定位,钻孔,固定支架,电缆布放,吊挂。　终端接头:钻孔,固定支架,安装,做接头,缠绑。

单位:表列单位

顺序号	项　目	单位	代号	布放同轴电缆	终端接头
				1000m	10个
				1	2
				6-5-10-1	6-5-10-2
1	人工	工日	1	100.0	10.0
2	钢丝绳	t	221	0.326	-
3	8~12号铁丝	kg	655	40.8	0.3
4	电缆	m	708	1010	-
5	其他材料费	元	996	1318.1	661.4
6	小型机具使用费	元	1998	106.5	-
7	基价	元	1999	48831	1155

10. 敷设多芯电缆

工程内容:开箱,搬运,线缆检查、编号、安装(布放、穿放),断线,固定,临时封头,清理场地。

单位:1000m

顺序号	项目	单位	代号	室内槽道中安装			室内沿桥架/支架安装			室内管道中安装	
				电缆规格(芯)							
				25以内	50以内	100以内	25以内	50以内	100以内	25以内	50以内
				1	2	3	4	5	6	7	8
				6-5-11-1	6-5-11-2	*6-7-10-1	6-5-11-3	6-5-11-4	*6-7-10-2	6-5-11-5	6-5-11-6
1	人工	工日	1	11.4	22.4	37.0	18.0	28.0	39.0	17.0	25.0
2	20~22号铁丝	kg	656	–	–	–	–	–	–	10.0	10.0
3	电缆	m	708	1010	1010	1010	1010	1010	1010	1010	1010
4	其他材料费	元	996	60.0	60.0	60.0	60.0	60.0	60.0	–	–
5	小型机具使用费	元	1998	47.8	83.3	131.2	62.0	97.5	149.0	58.5	86.9
6	基价	元	1999	40998	41575	42341	41337	41864	42457	41288	41710

注:多芯电缆包括屏蔽电缆。

11. 安 装 线 槽

工程内容:安装金属线槽:线槽检查,安装线槽及附件,接地,做标记,穿墙处封堵等。 安装塑料线槽:线槽检查,测位,安装线槽等。

单位:1000m

顺序号	项　　目	单位	代号	安装金属线槽			安装塑料线槽	
				线槽宽度(mm)				
				150 以下	300 以下	300 以上	100 以下	100 以上
				1	2	3	4	5
				6-5-12-1	6-5-12-2	6-5-12-3	6-5-12-4	6-5-12-5
1	人工	工日	1	234.0	304.0	365.1	140.4	169.5
2	线槽	m	720	1050	1050	1050	1050	1050
3	基价	元	1999	27263	30707	33713	22658	24089

注:线槽配件应综合在线槽的预算价格中。

12. 开　　槽

工程内容:画线定位,开槽,水泥砂浆抹平等。

单位:10m

顺序号	项　目	单位	代号	砖　槽	混凝土槽
				1	2
				6-5-13-1	6-5-13-2
1	人工	工日	1	0.7	2.8
2	其他材料费	元	996	3.9	3.9
3	基价	元	1999	38	142

注:本定额是按预埋长度1m的ϕ25以下钢管取定的人工工日消耗。

13. 电缆沟填挖、铺砂盖板、揭盖板

工程内容:铺砂盖板、揭盖板:调整电缆间距,铺砂,盖砖,盖保护板,埋设标桩,揭、盖盖板。 电缆沟填挖:挖沟、回填土夯实、弃土清运、清理现场。

单位:表列单位

顺序号	项目	单位	代号	铺砂、盖砖		铺砂、盖保护板		揭、盖盖板(板长 mm)			人工填挖电缆沟
				1~2 根	每增加 1 根	1~2 根	每增加 1 根	500 以内	1000 以内	1500 以内	
				1000m							10m³
				1	2	3	4	5	6	7	8
				6-5-14-1	6-5-14-2	6-5-14-3	6-5-14-4	6-5-14-5	6-5-14-6	6-5-14-7	*6-7-13-1
1	人工	工日	1	62.5	16.7	62.5	16.7	88.0	149.0	210.0	4.1
2	青(红)砖	千块	877	8.30	4.20	-	-	-	-	-	-
3	中(粗)砂	m³	899	97.20	36.40	97.20	36.40	-	-	-	-
4	其他材料费	元	996	28.7	-	2497.1	2138.4	-	-	-	-
5	基价	元	1999	10695	3896	11404	5144	4330	7331	10332	202

14. 铜芯电缆敷设

工程内容:开盘,检查,架线盘,敷设,锯断,排列,整理,固定,收盘,临时封头,挂牌。

单位:1000m

顺序号	项目	单位	代号	水平电缆敷设			竖直通道电缆敷设		
				电缆截面积(mm^2)					
				35 以内	120 以内	240 以内	35 以内	120 以内	240 以内
				1	2	3	4	5	6
				6-5-15-1	6-5-15-2	6-5-15-3	6-5-15-4	6-5-15-5	6-5-15-6
1	人工	工日	1	70.3	126.7	178.0	258.0	402.1	547.5
2	镀锌螺栓	kg	241	14.4	14.4	36.0	47.9	47.9	218.4
3	膨胀螺栓	套	242	162.0	140.0	–	2400.0	2400.0	800.0
4	8~12 号铁丝	kg	655	3.2	4.5	4.8	30.0	34.0	36.0
5	电缆	m	708	1010	1010	1010	1010	1010	1010
6	其他材料费	元	996	706.9	763.9	884.0	2639.2	3001.9	3929.0
7	6t 以内载货汽车	台班	1374	0.09	0.60	2.38	0.09	0.60	2.38
8	5t 以内汽车式起重机	台班	1449	0.10	0.70	–	1.00	4.20	–
9	12t 以内汽车式起重机	台班	1451	–	–	2.38	–	–	5.95
10	小型机具使用费	元	1998	–	–	–	–	–	–
11	基价	元	1999	45330	48496	53003	64885	73755	82270

续前页　　单位：1000m

顺序号	项　目	单位	代号	管道电缆敷设			
				电缆截面积(mm^2)			
				16 以内	50 以内	120 以内	240 以内
				7	8	9	10
				6-5-15-7	6-5-15-8	6-5-15-9	*6-7-14-1
1	人工	工日	1	24.1	38.3	59.1	105.4
2	镀锌螺栓	kg	241	-	-	-	-
3	膨胀螺栓	套	242	-	-	-	-
4	8~12 号铁丝	kg	655	-	-	-	-
5	电缆	m	708	1010	1010	1010	1010
6	其他材料费	元	996	311.9	375.4	492.2	838.9
7	6t 以内载货汽车	台班	1374	0.10	0.70	0.70	4.67
8	5t 以内汽车式起重机	台班	1449	0.10	0.70	0.70	-
9	12t 以内汽车式起重机	台班	1451	-	-	-	2.80
10	小型机具使用费	元	1998	22.7	36.1	55.7	86.0
11	基价	元	1999	41921	43126	44286	49970

15. 热缩式电缆终端头、中间头制作安装

工程内容:定位,量尺寸,锯断,剥切清洗,内屏蔽层处理,焊接地线,套热缩管,压接线端子,装终端盒,配料浇筑,安装。

单位:10 个

顺序号	项目	单位	代号	终端头			中间头 1kV			中间头 10kV		
				电缆截面积(mm^2)								
				35 以内	120 以内	240 以内	35 以内	120 以内	240 以内	35 以内	120 以内	240 以内
				1	2	3	4	5	6	7	8	9
				6-5-16-1	6-5-16-2	6-5-16-3	6-5-16-4	6-5-16-5	6-5-16-6	6-5-16-7	6-5-16-8	6-5-16-9
1	人工	工日	1	26.0	38.1	46.2	13.5	21.4	27.6	16.7	25.8	32.9
2	镀锌螺栓	kg	241	6.9	8.0	8.0	1.9	1.9	1.9	1.9	1.9	1.9
3	户外终端盒(热塑头)	套	717	10.2	10.2	10.2	–	–	–	–	–	–
4	热缩式电缆中间接头	套	718	–	–	–	10.2	10.2	10.2	10.2	10.2	10.2
5	铜接线端子	个	719	10.2	10.2	10.2	10.2	10.2	10.2	10.2	10.2	10.2
6	其他材料费	元	996	902.1	1575.9	2542.8	663.6	1055.3	1737.1	655.3	994.5	1594.5
7	基价	元	1999	6025	7310	8675	3006	3787	4773	3155	3942	4892

16. 控制电缆头制作安装

工程内容:定位,锯断,剥切,焊接头,包缠绝缘层,安装固定。

单位:10 个

顺序号	项目	单位	代号	终端头	中间头
				1	2
				6-5-17-1	6-5-17-2
1	人工	工日	1	8.5	7.9
2	螺栓	kg	240	0.3	–
3	铜接线端子	个	719	10.2	–
4	套管	个	724	10.5	–
5	塑料软管	kg	782	1.9	0.2
6	其他材料费	元	996	275.2	312.7
7	基价	元	1999	960	705

注:本定额是按 14 芯以内控制电缆编制的。

17. 桥架、支架安装

工程内容:桥架安装:组对,焊接或螺栓固定,弯头、三通、盖板、附件安装。　桥架支架安装:组对,螺栓连接,安装固定,立柱、托臂膨胀螺栓或焊接固定。

单位:表列单位

顺序号	项目	单位	代号	梯式桥架	托盘式桥架	金属支架
				10m		1t
				1	2	3
				6-5-18-1	6-5-18-2	6-5-18-3
1	人工	工日	1	8.6	11.4	58.8
2	电焊条	kg	231	0.5	0.4	7.0
3	膨胀螺栓	套	242	–	–	210.0
4	橡皮线	m	713	1.7	1.7	–
5	桥架	m	721	10.1	10.1	–
6	支撑架	kg	722	–	–	1005.0
7	32.5 级水泥	t	832	–	–	0.065
8	电	kW·h	865	3	5	51
9	中(粗)砂	m^3	899	–	–	0.07
10	其他材料费	元	996	25.0	22.9	61.3
11	4t 以内载货汽车	台班	1372	–	–	0.30

续前页

单位:表列单位

顺序号	项目	单位	代号	梯式桥架	托盘式桥架	金属支架
				10m		1t
				1	2	3
				6-5-18-1	6-5-18-2	6-5-18-3
12	8t 以内载货汽车	台班	1375	0.06	0.06	–
13	16t 以内汽车式起重机	台班	1452	0.05	0.05	–
14	32kV·A 以内交流电弧焊机	台班	1726	0.11	0.14	1.05
15	小型机具使用费	元	1998	0.2	4.6	12.1
16	基价	元	1999	1199	1343	9171

第七节　配管与防雷接地系统

说　明

1. 本节定额包括钢管地埋敷设、顶管敷设、钢管砖、混凝土结构、钢管钢结构支架配管、PVC 阻燃塑料管、人工敷设塑料子管、接地装置安装、避雷针及引下线安装、防雷装置安装、防雷接地装置测试等共 9 个项目。

2. 接地装置是按变配电系统接地、车间接地和设备接地等工业设施接地编制的。定额中未包括接地电阻率高的土质换土和化学处理的土壤及由此发生的接地电阻测试等费用,需要时应另行计算。接地装置换填土执行电缆沟挖填土相应子目。

3. 定额中避雷针安装、避雷引下线的安装均已考虑了高空作业的因素。避雷针按成品件考虑。

4. 工程量计算规则:

配管的工程量计算不扣除管路中的接线箱(盒)、灯盒、开关盒所占的长度。

1. 钢管地埋敷设及敷设顶管

工程内容:钢管地埋敷设:钢管去毛刺,套丝,敷设钢管。 敷设顶管:测位,安装机具,顶管接管,清理,扫管。

单位:1000m 及 1 根

顺序号	项目	单位	代号	钢管公称直径(mm)				敷设顶管
				32 以内	50 以内	70 以内	100 以内	
				1000m				1 根
				1	2	3	4	5
				6-6-3-1	6-6-3-2	6-6-3-3	6-6-3-4	6-5-14-8
1	人工	工日	1	120.0	170.0	238.0	275.0	10.5
2	枕木	m^3	103	–	–	–	–	0.150
3	钢板	t	183	–	–	–	–	0.005
4	镀锌钢管	t	192	3.290	5.120	7.250	11.390	–
5	电焊条	kg	231	9.0	11.3	13.6	13.6	0.6
6	镀锌螺栓	kg	241	25.4	25.4	25.8	26.9	–
7	8 ~ 12 号铁丝	kg	655	6.6	6.6	6.6	6.6	2.2
8	裸铝(铜)线	m	712	199	199	199	199	–
9	其他材料费	元	996	428.6	619.1	847.6	2442.6	75.5
10	6t 以内载货汽车	台班	1374	–	–	–	–	0.43
11	32kV·A 以内交流电弧焊机	台班	1726	3.06	3.84	4.61	4.62	0.48
12	小型机具使用费	元	1998	58.8	116.1	300.8	399.3	80.9
13	基价	元	1999	26104	39080	54779	81328	1049

注:顶管规格为:管径 DN100 以内、每根长 20m 以内。

2. 钢管砖、混凝土结构暗配

工程内容：测位，锯管套丝，煨弯，配管，接地刷漆等。

单位：1000m

顺序号	项目	单位	代号	钢管公称直径(mm)			
				32 以内	50 以内	70 以内	100 以内
				1	2	3	4
				6-6-4-1	6-6-4-2	6-6-4-3	6-6-4-4
1	人工	工日	1	87.8	152.7	221.3	357.7
2	光圆钢筋	t	111	0.009	0.028	0.043	0.043
3	镀锌钢管	t	192	3.290	5.120	7.250	11.390
4	电焊条	kg	231	9.0	11.3	13.6	13.6
5	8～12 号铁丝	kg	655	6.6	6.6	6.6	6.6
6	中(粗)砂	m^3	899	0.20	0.35	0.80	1.50
7	其他材料费	元	996	889.9	1115.4	1396.1	3057.1
8	32kV·A 以内交流电弧焊机	台班	1726	3.06	3.84	4.62	4.63
9	小型机具使用费	元	1998	58.8	116.1	300.8	399.3
10	基价	元	1999	24007	37822	53675	85207

3. 钢管钢结构支架配管

工程内容:测位,打眼安装支架,上卡子锯管,套丝,煨弯,配管,接地刷漆等。

单位:1000m

顺序号	项目	单位	代号	钢管公称直径(mm)			
				32 以内	50 以内	70 以内	100 以内
				1	2	3	4
				6-6-5-1	6-6-5-2	6-6-5-3	6-6-5-4
1	人工	工日	1	114.4	185.8	276.2	422.0
2	光圆钢筋	t	111	0.009	0.028	0.043	0.043
3	镀锌钢管	t	192	3.290	5.120	7.250	11.390
4	电焊条	kg	231	9.0	11.3	13.6	13.6
5	螺栓	kg	240	6.0	4.7	3.6	3.6
6	8~12 号铁丝	kg	655	6.6	6.6	6.6	6.6
7	油漆	kg	732	32.1	50.0	73.8	96.6
8	中(粗)砂	m^3	899	0.20	0.35	0.80	1.50
9	其他材料费	元	996	1639.0	1812.2	1824.8	3353.1
10	32kV·A 以内交流电弧焊机	台班	1726	3.06	3.84	4.62	4.63
11	小型机具使用费	元	1998	58.8	116.1	300.8	399.3
12	基价	元	1999	26547	40850	57806	89964

4. PVC 阻燃塑料管敷设

工程内容:明敷:测位,画线,打眼,下胀管,断管,连接管件,配管,装管卡等。　暗敷:测位,断管,配管,固定,连接管件等。

单位:1000m

顺序号	项　目	单位	代号	明　敷		暗　敷	
				塑料管公称直径(mm)			
				50 以内	70 以内	50 以内	70 以内
				1	2	3	4
				6-6-6-1	6-6-6-2	6-6-6-3	6-6-6-4
1	人工	工日	1	108.2	114.9	98.6	103.4
2	8～12 号铁丝	kg	655	2.5	2.5	2.5	2.5
3	PVC 阻燃塑料管	m	781	1073.6	1073.6	1073.6	1073.6
4	其他材料费	元	996	3968.9	5351.4	2397.3	3048.2
5	小型机具使用费	元	1998	102.1	108.4	93.0	97.5
6	基价	元	1999	21971	23689	19918	20809

5. 人工敷设塑料子管

工程内容:清刷管孔,塑料管外观检查,敷设塑料管并试通,固定堵头及塞子,管头做标记等。

单位:1000m

顺序号	项目	单位	代号	塑料子管	
				1孔	3孔
				1	2
				6-5-6-1	6-5-6-2
1	人工	工日	1	19.0	30.1
2	8~12号铁丝	kg	655	3.0	3.0
3	20~22号铁丝	kg	656	20.3	20.3
4	通信子管	m	700	1010	3030
5	其他材料费	元	996	117.2	351.2
6	基价	元	1999	5038	13494

注:本定额系指钢管或HDPE双壁波纹管一孔内同时布放塑料子管(1孔或3孔)。

6. 接 地 装 置

工程内容:接地极制作安装:下料加工、卡子制作、打入地下、刷油。 接地母线敷设:平直、断料、测位、打眼、卡子制作、埋卡子、焊接、固定、刷油。 架设天线铁塔避雷装置:安装、焊接、固定、涂漆。

单位:表列单位

顺序号	项目	单位	代号	接地极制作安装		接地母线敷设		架设天线铁塔避雷装置
				角钢接地极	铜板接地极	镀锌扁钢明敷设	镀锌扁钢暗敷设	波导馈线接地
				1 根	1 块	10m		1 处
				1	2	3	4	5
				6-6-11-1	6-6-11-2	6-6-11-3	6-6-11-4	6-6-11-5
1	人工	工日	1	0.4	3.2	1.6	0.4	1.0
2	型钢	t	182	–	–	–	–	0.011
3	镀锌钢板	t	208	–	–	0.013	0.013	–
4	镀锌铁件	kg	652	9.9	–	–	–	–
5	铜接地板	kg	660	–	1.0	–	–	–
6	其他材料费	元	996	3.0	70.2	13.3	1.8	8.6
7	小型机具使用费	元	1998	4.1	3.1	3.8	5.4	1.6
8	基价	元	1999	95	253	173	104	100

7. 避雷针及引下线安装

工程内容：避雷针安装：底座制作，组装，焊接，吊装，找正，固定，补漆。 避雷引下线敷设：平直，下料，测位，打眼，埋卡子，焊接，固定，刷漆。

单位：表列单位

顺序号	项目	单位	代号	独立避雷针安装					避雷引下线敷设			天线铁塔避雷针安装
				针高(m)			水泥杆上安装	金属杆上安装	高度(m)		高空引接地下线安装	
				20 以内	30 以内	40 以内			25 以内	30 以内		
				1 套					10m			1 处
				1	2	3	4	5	6	7	8	9
				6-6-12-1	6-6-12-2	6-6-12-3	6-6-12-4	6-6-12-5	6-6-12-6	6-6-12-7	6-6-12-8	6-6-12-9
1	人工	工日	1	7.7	9.6	10.9	1.6	0.5	1.1	2.0	2.8	2.8
2	光圆钢筋	t	111	0.034	0.034	0.034	0.010	–	–	–	–	–
3	钢板	t	183	0.006	0.006	0.006	0.017	–	–	–	–	–
4	钢管	t	191	–	–	–	–	–	0.002	0.002	0.002	–
5	电焊条	kg	231	1.0	1.5	2.0	0.1	0.3	0.3	0.3	0.3	–
6	螺栓	kg	240	2.1	4.8	4.9	0.6	–	–	–	–	0.9
7	8～12 号铁丝	kg	655	2.5	5.0	6.5	–	–	–	–	–	–
8	裸铝(铜)线	m	712	–	–	–	–	–	10	10	10	–
9	其他材料费	元	996	10.4	18.3	18.6	21.5	0.6	6.8	6.8	6.8	8.6

续前页 单位:表列单位

顺序号	项目	单位	代号	独立避雷针安装					避雷引下线敷设			天线铁塔避雷针安装
				针高(m)			水泥杆上安装	金属杆上安装	高度(m)		高空引接地下线安装	
				20以内	30以内	40以内			25以内	30以内		
				1套					10m			1处
				1	2	3	4	5	6	7	8	9
				6-6-12-1	6-6-12-2	6-6-12-3	6-6-12-4	6-6-12-5	6-6-12-6	6-6-12-7	6-6-12-8	6-6-12-9
10	4t以内载货汽车	台班	1372	0.20	0.20	0.30	–	–	–	–	–	–
11	5t以内汽车式起重机	台班	1449	0.30	–	–	–	–	–	–	–	–
12	12t以内汽车式起重机	台班	1451	–	0.30	–	–	–	–	–	–	–
13	16t以内汽车式起重机	台班	1452	–	–	0.30	–	–	–	–	–	–
14	32kV·A以内交流电弧焊机	台班	1726	0.33	0.46	0.65	0.21	0.06	0.13	0.13	0.13	–
15	小型机具使用费	元	1998	10.5	10.5	10.5	–	–	–	–	–	1.6
16	基价	元	1999	789	1048	1213	238	33	119	164	203	158

8. 防雷装置安装

工程内容:天线铁塔消雷器安装:安装、焊接、固定、涂漆。 接地模块安装:检查、埋设、焊接、防腐、检验。 漏电、浪涌保护器安装:开箱、检查、安装、接线、接地等。

单位:表列单位

顺序号	项目	单位	代号	天线铁塔消雷器安装(2t以内)	接地模块安装(mm)				三相漏电保安器安装	浪涌保护器安装
					ϕ100×500	ϕ150×800	ϕ260×1000	500×400×60		
				1处	1个					
				1	2	3	4	5	6	7
				6-6-13-1	6-6-13-2	6-6-13-3	6-6-13-4	6-6-13-5	6-6-13-6	6-6-13-7
1	人工	工日	1	2.0	2.0	2.2	2.4	2.0	0.7	0.6
2	镀锌钢板	t	208	–	0.005	0.005	0.005	0.005	–	–
3	电焊条	kg	231	–	0.2	0.3	0.3	0.4	–	–
4	螺栓	kg	240	1.1	–	–	–	–	–	–
5	镀锌螺栓	kg	241	–	–	–	–	–	0.1	0.1
6	其他材料费	元	996	–	0.7	0.7	0.7	0.7	101.8	102.5
7	32kV·A以内交流电弧焊机	台班	1726	–	0.13	0.13	0.20	0.26	–	–
8	小型机具使用费	元	1998	–	7.3	7.3	7.3	7.3	0.6	6.2
9	基价	元	1999	110	151	161	178	165	138	140

9. 防雷接地装置测试

工程内容: 接地装置:接地电阻测试、控制装置、电流互感器、继电保护装置、测量仪表及一、二次回路调整。 避雷器:母线耐压试验,接触电阻测量、避雷器、母线绝缘监视装置、电测量仪表一、二次回路的调试,接地电阻测试。

单位:表列单位

顺序号	项目	单位	代号	接地装置	避雷器
				1 系统	1 组
				1	2
				6-6-14-1	6-6-14-2
1	人工	工日	1	0.4	12.0
2	其他材料费	元	996	1.0	5.6
3	直流高压发生器	台班	1974	–	1.00
4	轻型试验变压器	台班	1975	–	1.00
5	小型机具使用费	元	1998	13.5	260.1
6	基价	元	1999	34	917

注:不包括特殊保护装置的调试,避雷器每三相为一组。

附录　定额基价人工、材料单位质量、单价表

顺序号	名　　称	代号	规　　格	单位	单位质量(kg)	场内运输及操作损耗(%)	基价(元)
(一)人工							
1	人工	1		工日			49.20
2	机械工	2		工日			49.20
(二)混凝土及砂浆							
3	C10 片石混凝土	11		m^3			0.00
4	C15 片石混凝土	12		m^3			0.00
5	C20 片石混凝土	13		m^3			0.00
6	C25 片石混凝土	14		m^3			0.00
7	C10 水泥混凝土	16		m^3			0.00
8	C15 水泥混凝土	17		m^3			0.00
9	C20 水泥混凝土	18		m^3			0.00
10	C25 水泥混凝土	19		m^3			0.00
11	C30 水泥混凝土	20		m^3			0.00
12	C35 水泥混凝土	21		m^3			0.00
13	C40 水泥混凝土	22		m^3			0.00
14	C45 水泥混凝土	23		m^3			0.00

续前页

顺序号	名　　称	代号	规　　格	单位	单位质量(kg)	场内运输及操作损耗(%)	基价(元)
15	C50 水泥混凝土	24		m^3			0.00
16	C55 水泥混凝土	25		m^3			0.00
17	C60 水泥混凝土	26		m^3			0.00
18	C20 水下混凝土	28		m^3			0.00
19	C25 水下混凝土	29		m^3			0.00
20	C30 水下混凝土	30		m^3			0.00
21	C20 防水混凝土	35		m^3			0.00
22	C25 防水混凝土	36		m^3			0.00
23	C30 防水混凝土	37		m^3			0.00
24	C35 防水混凝土	38		m^3			0.00
25	C40 防水混凝土	39		m^3			0.00
26	C45 防水混凝土	40		m^3			0.00
27	C50 防水混凝土	41		m^3			0.00
28	C15 泵送混凝土	45		m^3			0.00
29	C20 泵送混凝土	46		m^3			0.00
30	C20 泵送混凝土	47		m^3			0.00
31	C30 泵送混凝土	48		m^3			0.00

续前页

顺序号	名　　称	代号	规　　格	单位	单位质量(kg)	场内运输及操作损耗(%)	基价(元)
32	C35 泵送混凝土	49		m^3			0.00
33	C40 泵送混凝土	50		m^3			0.00
34	C45 泵送混凝土	51		m^3			0.00
35	C50 泵送混凝土	52		m^3			0.00
36	C55 泵送混凝土	53		m^3			0.00
37	C60 泵送混凝土	54		m^3			0.00
38	C20 泵送防水混凝土	56		m^3			0.00
39	C25 泵送防水混凝土	57		m^3			0.00
40	C30 泵送防水混凝土	58		m^3			0.00
41	C35 泵送防水混凝土	59		m^3			0.00
42	C40 泵送防水混凝土	60		m^3			0.00
43	C45 泵送防水混凝土	61		m^3			0.00
44	C50 泵送防水混凝土	62		m^3			0.00
45	M5 水泥砂浆	65		m^3			0.00
46	M7.5 水泥砂浆	66		m^3			0.00
47	M10 水泥砂浆	67		m^3			0.00
48	M12.5 水泥砂浆	68		m^3			0.00

续前页

顺序号	名　称	代号	规　格	单位	单位质量(kg)	场内运输及操作损耗(%)	基价(元)
49	M15 水泥砂浆	69		m^3			0.00
50	M20 水泥砂浆	70		m^3			0.00
51	M25 水泥砂浆	71		m^3			0.00
52	M30 水泥砂浆	72		m^3			0.00
53	M35 水泥砂浆	73		m^3			0.00
54	M40 水泥砂浆	74		m^3			0.00
55	M50 水泥砂浆	75		m^3			0.00
56	粗粒式沥青碎石	81		m^3			0.00
57	中粒式沥青碎石	82		m^3			0.00
58	细粒式沥青碎石	83		m^3			0.00
59	粗粒式沥青混凝土	84		m^3			0.00
60	中粒式沥青混凝土	85		m^3			0.00
61	细粒式沥青混凝土	86		m^3			0.00
62	砂粒式沥青混凝土	87		m^3			0.00
63	C15 喷射混凝土	90		m^3			0.00
64	C20 喷射混凝土	91		m^3			0.00
65	C25 喷射混凝土	92		m^3			0.00
66	C30 喷射混凝土	93		m^3			0.00

续前页

顺序号	名　称	代号	规　格	单位	单位质量(kg)	场内运输及操作损耗(%)	基价(元)
(三)材料							
67	原木	101	混合规格	m^3	750	5	1120.00
68	锯材	102	中板 $\delta = 19 \sim 35mm$,中方混合规格	m^3	650	15	1350.00
69	枕木	103	硬	m^3	650	5	961.00
70	毛竹	104	$\phi = 60mm, L \geqslant 6m; \phi = 75 \sim 90mm, L \geqslant 6m$	根	14	5	15.83
71	胶合板	105	5层	m^2	3.4	5	26.68
72	竹胶模板	106	2.44m×1.22m,厚度7~15mm	m^2	8.5	5	75.00
73	光圆钢筋	111	直径10~14mm	t	1000	2.5	3300.00
74	带肋钢筋	112	直径15~24mm,25mm以上	t	1000	2.5	3400.00
75	冷轧带肋钢筋网	113	直径7~9mm	t	1000	2.5	4600.00
76	环氧光圆钢筋	114	带环氧涂层的光圆钢筋	t	1000	2.5	4300.00
77	环氧带肋钢筋	115	带环氧涂层的带肋钢筋	t	1000	2.5	4400.00
78	预应力粗钢筋	121	直径10mm以上精轧螺纹钢筋	t	1000	4	5320.00
79	钢绞线	125	普通,无松弛	t	1000	4	6500.00
80	环氧钢绞线	126	带环氧涂层的钢绞线	t	1000	4	9000.00
81	镀锌钢绞线	127	混合规格(7股、19股,1.0~134.2mm^2)	t	1000	4	9150.00
82	钢丝	131	$\phi 5mm$以内	kg	1	4	4.97

续前页

顺序号	名　　称	代号	规　　格	单位	单位质量（kg）	场内运输及操作损耗（%）	基价（元）
83	冷拔低碳钢丝	132	ϕ5mm 以内冷拔丝	t	1000	4	5630.00
84	高强钢丝	133	ϕ5mm 预应力用碳素钢丝	t	1000	4	5450.00
85	镀锌高强钢丝	134	ϕ5mm 预应力用镀锌碳素钢丝	t	1000	4	8560.00
86	平行钢丝斜拉索	141	成品索	t	1000	0	17500.00
87	钢绞线斜拉索	142	成品索	t	1000	0	9500.00
88	主缆索股	143	成品索股	t	1000	0	16000.00
89	斜拉索减振器	145		个		0	4000.00
90	吊索	148	成品索	t	1000	0	20000.00
91	系杆	149	成品索	t	1000	0	12000.00
92	波纹管钢带	151	0.25mm × 36mm、0.28mm × 36mm	t	1000	2	6350.00
93	紧缆钢带	155		t	1000	2	20000.00
94	型钢	182	工字钢，角钢	t	1000	6	3700.00
95	钢板	183	$A3,\delta=5\sim40$mm	t	1000	6	4450.00
96	圆钢	184	$\phi6\sim\phi36$ 混合型号	t	1000	6	3177.00
97	钢轨	185	重轨、轻轨、吊车轨	t	1000	6	3118.00
98	钢管	191	无缝钢管	t	1000	4	5610.00
99	镀锌钢管	192	外径 15 ~ 200mm，壁厚 2.75 ~ 4.5mm	t	1000	4	5560.00

续前页

顺序号	名称	代号	规格	单位	单位质量（kg）	场内运输及操作损耗(%)	基价（元）
100	不锈钢管	193	混合规格	kg	1	4	53.00
101	承插式铸铁管	194	混合规格	t	1000	4	2820.00
102	压制弯头	196	各种规格	kg	1	4	19.34
103	镀锌钢板	208	$\delta=1$mm,$\delta=1.5$mm,$\delta=3$mm	t	1000	4	5940.00
104	钢钎	211	$\phi=22\sim25$mm,32mm	kg	1	20	5.62
105	空心钢钎	212	优质碳素工具钢	kg	1	20	7.00
106	ϕ50mm 以内合金钻头	213	ϕ43mm	个	1.1	0	27.21
107	ϕ150mm 以内合金钻头	214		个	4.82	0	76.23
108	钻杆	216	ϕ50mm、ϕ73mm、ϕ89mm、ϕ114mm，长1m、1.5m	kg	1	0	6.00
109	中空注浆锚杆	217	混合规格	m		1	30.00
110	自进式锚杆	218	R25mm,R27mm,R32mm,R38mm,R51mm	m		1	40.00
111	钢丝绳	221	股丝（6～7）×19mm，绳径7.1～9mm，股丝6×37mm，绳径14.1～15.5mm	t	1000	2.5	5853.00
112	钢纤维	225	扁丝切断型、钢丝切断型、高强铣削型、剪切波纹型、剪切压痕型	t	1000	2	4340.00

续前页

顺序号	名　　称	代号	规　　格	单位	单位质量（kg）	场内运输及操作损耗（%）	基价（元）
113	电焊条	231	结422（502、506、507）3.2mm、4.0mm、5.0mm	kg	1	10	4.90
114	钢筋连接套筒	232	ϕ16～ϕ40mm	个		1	9.00
115	锌	236	1号	kg	1	6	9.96
116	螺栓	240	混合规格	kg	1	2	10.65
117	镀锌螺栓	241	混合规格	kg	1	2	14.76
118	膨胀螺栓	242	混合规格	套	0.186	4	3.30
119	镀锌膨胀螺栓	243	混合规格	套		4	5.01
120	法兰	244		kg	1	0	10.63
121	镀锌法兰	245		kg	1	0	14.73
122	钢管立柱	247		t	1000	0	5850.00
123	型钢立柱	248	镀锌（包括斜撑）	t	1000	0	5300.00
124	波形钢板	249	镀锌（包括端头板、撑架）	t	1000	0	6100.00
125	托架	250		kg	1	1	5.40
126	柱帽	251		个		1	9.00
127	钢板桩	261	混合规格	t	1000	0	4385.00
128	钢管桩	262	直径219～2440mm，壁厚5～20mm	t	1000	0	5000.00

续前页

顺序号	名　　称	代号	规　　格	单位	单位质量（kg）	场内运输及操作损耗(%)	基价（元）
129	钢护筒	263		t	1000	0	4800.00
130	钢套箱	264		t	1000	0	4800.00
131	钢壳沉井	265		t	1000	0	4800.00
132	钢模板	271	各类定型大块钢模板	t	1000	0	5970.00
133	组合钢模板	272		t	1000	0	5710.00
134	门式钢支架	273		t	1000	0	5000.00
135	钢格栅	289		t	1000	0	17500.00
136	索夹	290		t	1000	0	25000.00
137	索鞍构件	291		t	1000	0	25000.00
138	悬吊系统构件	292		t	1000	0	8000.00
139	套管及拉杆构件	293		t	1000	0	7000.00
140	钢梁	301		t	1000	0	9500.00
141	钢桁	302		t	1000	0	10000.00
142	钢纵横梁	303		t	1000	0	8000.00
143	钢箱梁及桥面板	304		t	1000	0	10000.00
144	钢锚箱	305		t	1000	0	9600.00
145	钢管拱肋	310		t	1000	0	7500.00

续前页

顺序号	名　　称	代号	规　　格	单位	单位质量（kg）	场内运输及操作损耗（%）	基价（元）
146	钢支座	400		t	1000	0	7600.00
147	四氟板式橡胶组合支座	401	$GJZF_4$ 系列、$GYZF_4$ 系列	dm^3	3.2	0	110.00
148	板式橡胶支座	402	GJZ 系列、GYZ 系列	dm^3	3.2	0	80.00
149	盆式橡胶支座(800kN)	501	GPZ(Ⅱ)	套	35.3	0	1500.00
150	盆式橡胶支座(1000kN)	502	GPZ(Ⅱ)	套	44.5	0	1915.80
151	盆式橡胶支座(1250kN)	503	GPZ(Ⅱ)	套	55.0	0	2100.00
152	盆式橡胶支座(1500kN)	504	GPZ(Ⅱ)	套	69.8	0	2348.40
153	盆式橡胶支座(2000kN)	505	GPZ(Ⅱ)	套	98.5	0	3090.00
154	盆式橡胶支座(2500kN)	506	GPZ(Ⅱ)	套	125.0	0	3522.60
155	盆式橡胶支座(3000kN)	507	GPZ(Ⅱ)	套	160.0	0	4264.20
156	盆式橡胶支座(3500kN)	508	GPZ(Ⅱ)	套	202.3	0	5428.10
157	盆式橡胶支座(4000kN)	509	GPZ(Ⅱ)	套	253.8	0	6396.30
158	盆式橡胶支座(5000kN)	510	GPZ(Ⅱ)	套	335.3	0	9053.70
159	盆式橡胶支座(6000kN)	511	GPZ(Ⅱ)	套	421.8	0	10639.90
160	盆式橡胶支座(7000kN)	512	GPZ(Ⅱ)	套	514.0	0	13410.60
161	盆式橡胶支座(8000kN)	513	GPZ(Ⅱ)	套	626.0	0	15450.00
162	盆式橡胶支座(9000kN)	514	GPZ(Ⅱ)	套	732.3	0	18303.10

续前页

顺序号	名　　称	代号	规　　格	单位	单位质量（kg）	场内运输及操作损耗（%）	基价（元）
163	盆式橡胶支座(10000kN)	515	GPZ(II)	套	882.8	0	21073.80
164	盆式橡胶支座(12500kN)	516	GPZ(II)	套	1175.3	0	26913.90
165	盆式橡胶支座(15000kN)	517	GPZ(II)	套	1481.3	0	32269.90
166	盆式橡胶支座(17500kN)	518	GPZ(II)	套	1836.3	0	40963.10
167	盆式橡胶支座(20000kN)	519	GPZ(II)	套	2223.0	0	46885.60
168	盆式橡胶支座(22500kN)	520	GPZ(II)	套	2574.8	0	56196.80
169	盆式橡胶支座(25000kN)	521	GPZ(II)	套	2997.0	0	64447.10
170	盆式橡胶支座(27500kN)	522	GPZ(II)	套	3397.0	0	76117.00
171	盆式橡胶支座(30000kN)	523	GPZ(II)	套	3811.8	0	85902.00
172	盆式橡胶支座(32500kN)	524	GPZ(II)	套	4360.3	0	96845.75
173	盆式橡胶支座(35000kN)	525	GPZ(II)	套	4836.5	0	108356.00
174	盆式橡胶支座(37500kN)	526	GPZ(II)	套	5380.3	0	122930.50
175	盆式橡胶支座(40000kN)	527	GPZ(II)	套	5863.8	0	134621.00
176	盆式橡胶支座(45000kN)	528	GPZ(II)	套	6885.5	0	146363.00
177	盆式橡胶支座(50000kN)	529	GPZ(II)	套	7869.0	0	161504.00
178	盆式橡胶支座(55000kN)	530	GPZ(II)	套	9102.3	0	273649.00
179	盆式橡胶支座(60000kN)	531	GPZ(II)	套	10136.8	0	520802.00

续前页

顺序号	名　称	代号	规　格	单位	单位质量(kg)	场内运输及操作损耗(%)	基价(元)
180	阻尼器	532	液体黏滞阻尼器	套		0	1581602.00
181	抗风支座	533		套		0	120000.00
182	毛勒伸缩缝	541	伸缩量80mm/排，质量80kg/(排·m)	t	1000	0	43100.00
183	板式橡胶伸缩缝	542	混合规格	m	186	0	375.00
184	TST伸缩体	545		kg	1	2	21.58
185	铸铁	561		kg	1	0	2.19
186	钢砂	562		kg	1	2.5	3.00
187	钢丸	563		t	1000	2	3500.00
188	弗式锚具	565		kg	1	1	9.00
189	冷铸镦头锚	567		kg	1	0	16.00
190	镦头锚	568		kg	1	0	14.00
191	钢绞线群锚(1孔)	571	包括夹片、锚垫板和螺旋筋	套		1	22.80
192	钢绞线群锚(3孔)	572	包括夹片、锚垫板和螺旋筋	套	6	1	105.00
193	钢绞线群锚(4孔)	573	包括夹片、锚垫板和螺旋筋	套		1	140.00
194	钢绞线群锚(5孔)	574	包括夹片、锚垫板和螺旋筋	套		1	175.00
195	钢绞线群锚(6孔)	575	包括夹片、锚垫板和螺旋筋	套		1	210.00
196	钢绞线群锚(7孔)	576	包括夹片、锚垫板和螺旋筋	套	10.5	1	245.00

续前页

顺序号	名　　称	代号	规　　格	单位	单位质量(kg)	场内运输及操作损耗(%)	基价(元)
197	钢绞线群锚(8孔)	577	包括夹片、锚垫板和螺旋筋	套		1	280.00
198	钢绞线群锚(9孔)	578	包括夹片、锚垫板和螺旋筋	套		1	315.00
199	钢绞线群锚(10孔)	579	包括夹片、锚垫板和螺旋筋	套		1	350.00
200	钢绞线群锚(12孔)	580	包括夹片、锚垫板和螺旋筋	套	19.5	1	420.00
201	钢绞线群锚(14孔)	581	包括夹片、锚垫板和螺旋筋	套		1	490.00
202	钢绞线群锚(15孔)	582	包括夹片、锚垫板和螺旋筋	套		1	525.00
203	钢绞线群锚(16孔)	583	包括夹片、锚垫板和螺旋筋	套		1	560.00
204	钢绞线群锚(17孔)	584	包括夹片、锚垫板和螺旋筋	套		1	595.00
205	钢绞线群锚(19孔)	585	包括夹片、锚垫板和螺旋筋	套	37	1	665.00
206	钢绞线群锚(22孔)	586	包括夹片、锚垫板和螺旋筋	套	48.5	1	770.00
207	钢绞线群锚(24孔)	587	包括夹片、锚垫板和螺旋筋	套		1	840.00
208	钢绞线群锚(31孔)	588	包括夹片、锚垫板和螺旋筋	套	76	1	1085.00
209	轧线锚具	596		kg	1	1	15.00
210	自动排气阀	601	DN25	个	25	0	269.19
211	螺纹截止阀	602	J11t-16DN20	个	1.1	0	13.46
212	法兰阀门(DN80)	603		个	29.1	0	218.01
213	法兰阀门(DN100)	604		个	40.4	0	310.91

续前页

顺序号	名　　称	代号	规　　格	单位	单位质量（kg）	场内运输及操作损耗（%）	基价（元）
214	法兰阀门（DN150）	605		个	91	0	447.23
215	法兰阀门（DN200）	606		个	140	0	550.27
216	不锈钢板	631		kg	1	6	32.00
217	不锈钢滑板	632		kg	1	6	41.40
218	聚四氟乙烯滑板	641		kg	1	20	50.00
219	聚四氟乙烯滑块	642		块	4.62	0	210.00
220	锚链	650	ϕ37 ~ ϕ58mm	t	1000	0	9774.00
221	铁件	651	铁件	kg	1	2	4.40
222	镀锌铁件	652		kg	1	2	6.90
223	铁钉	653	混合规格	kg	1	2	6.97
224	8 ~ 12 号铁丝	655	镀锌铁丝	kg	1	2	6.10
225	20 ~ 22 号铁丝	656	镀锌铁丝	kg	1	2	6.40
226	刺铁丝	658		kg	1	2	6.62
227	铜接地板	660		kg	1	2	22.31
228	吊顶轻钢龙骨	665	4.2m/kg	kg	1	6	13.03
229	铁皮	666	26 号镀锌铁皮	m^2	4.32	2	25.40
230	钢板标志	667	包括板面、立柱、横梁、法兰盘、垫板及其他金属附件	t	1000	0	7000.00

续前页

顺序号	名　称	代号	规　格	单位	单位质量(kg)	场内运输及操作损耗(%)	基价(元)
231	铝合金标志	668	包括板面、立柱、横梁、法兰盘、垫板及其他金属附件	t	1000	0	27000.00
232	滑动槽钢	669		kg	1	0	26.26
233	钢卷帘门	679		m^2			600.00
234	防火门	680		m^2			650.00
235	铸铁箅子	681		kg	1	0	8.84
236	铸铁管	682		kg	1	0	2.00
237	胶管	685		m	2	4	23.40
238	电焊网排	691		m^2		2	55.00
239	钢板网	692	网眼尺寸 25mm×76mm	m^2	1.845	2.5	19.22
240	铁丝编制网	693	镀锌铁丝(包括加强钢丝、花篮螺丝)	m^2	3.5	2	18.84
241	照明灯具	698	混光路灯汞灯 400,钠灯 250	盏		1	522.86
242	硅芯管	699	40/33mm	m		1	5.50
243	通信子管	700		m		1	3.80
244	光缆	701		m		2	20.00
245	光缆护套	702		m		1	10.00
246	光缆接头盒	703		套		1	500.00

续前页

顺序号	名　　称	代号	规　　格	单位	单位质量（kg）	场内运输及操作损耗（%）	基价（元）
247	光缆终端盒(48 芯以内)	704	每增加 12 芯,单价增加 20 元	个		2	480.00
248	光纤插头	705		对		1	60.00
249	光纤连接器	706		套		1	50.00
250	尾纤	707	10m 双头	根		2	150.00
251	电缆	708	35mm^2 三芯铝芯连地	m		5	39.93
252	母线	709		m		1	14.33
253	屏蔽线	710		m	0.15	2	1.91
254	电线	711	6～25mm^2 BLX 铝芯 500V	m		5	2.67
255	裸铝(铜)线	712	35mm^2 钢芯铝铰成	m		5	3.22
256	橡皮线	713		m		5	6.80
257	皮线	714		m		5	5.40
258	绝缘软线	715	BVR－35	m		5	15.26
259	橡胶条	716		kg	1	2.5	8.70
260	户外终端盒(热塑头)	717	35、120、240	套	40	2	360.00
261	电缆中间接头	718	35、120、240	套		2	155.00
262	铜接线端子	719	Dt－10、25、35	个	0.02	2	6.80
263	线槽	720		m		5	15.00

续前页

顺序号	名　称	代号	规　格	单位	单位质量（kg）	场内运输及操作损耗（%）	基价（元）
264	桥架	721		m		1	65.00
265	支撑架	722		kg	1	0.5	5.20
266	玻璃钢管箱	723		m		1	128.00
267	套管	724	Kt2 型	个		5	15.50
268	绝缘橡胶板	725	δ10～12mm	kg	1	2	6.50
269	配线箱	726		套		0	45.00
270	路灯控制箱	727	半周长 2m 以内	个		0	107.34
271	接线箱	728		个		0	757.46
272	升降传动装置	729		套		0	56.00
273	无机富锌漆	731		kg	1	2	34.50
274	油漆	732		kg	1	2	13.04
275	标线漆	733	常温型	kg	1	2	37.80
276	涂料	734	毛面涂料	kg	1	4	19.09
277	桥面防水涂料	735	聚合物渗透水性桥面防水涂料	kg	1	4	6.20
278	防水卷材	736		m^2		2	31.00
279	底油	737		kg	1	2	8.12
280	热熔涂料	738		kg	1	2	6.00

续前页

顺序号	名　　称	代号	规　　格	单位	单位质量(kg)	场内运输及操作损耗(%)	基价(元)
281	反光玻璃珠	739	JT/T 280—1995　1、2号(A类)	kg	1	2	2.80
282	反光膜	740		m^2		10	220.00
283	反光突起路钮	741	通用型、耐磨型、陶瓷隧道专用	个		2	15.00
284	防眩板	742		块		0	18.45
285	栏式反射器	743		个		1	10.25
286	栏式轮廓标	744		根		0	98.00
287	防撞筒	745	950mm×950mm	个		0	150.00
288	环氧树脂	746	E-42,E-44,E-51	kg	1	2	28.26
289	PE 防护料	747		kg	1	10	25.00
290	氯化乳胶	748		kg	1	3	5.40
291	水玻璃	749	黏度 40°Be1	kg	1	2	0.76
292	磷酸二氢钠	750		kg	1	2	15.76
293	早强剂	751		kg	1	2	2.50
294	黏稠剂	752		kg	1	2	2.81
295	缓凝剂	753		kg	1	2	6.80
296	气密剂	754		kg	1	2	3.50
297	抗剥落剂	755		kg	1	2	30.00

续前页

顺序号	名称	代号	规格	单位	单位质量（kg）	场内运输及操作损耗（%）	基价（元）
298	聚丙烯纤维	756		kg	1	2	35.00
299	聚丙烯腈纤维	757		kg	1	2	55.00
300	轻型井点总管	761		m	15.63	4	49.40
301	轻型井点管	762		m	3.84	4	21.00
302	土工布	770	4～5m宽	m^2	0.28	2	9.71
303	玻璃纤维布	771	宽为:1.0～1.37m,长为:100～200m	m^2	0.2	2	2.40
304	土工格栅	772	宽6m,聚乙烯单向、双向拉伸、聚丙烯双向、玻璃纤维	m^2	0.45	2	9.80
305	土工格室	773	5～50cm,网格尺寸根据客户需求制作	m^2		2	20.00
306	三维植被网	774	EM2、EM3、EM4、EM5	m^2		2	15.00
307	U形锚钉	775		kg	1	2	4.67
308	塑料防水板	776	厚1.2mm	m^2	2	6	26.00
309	橡胶防水板	777		m^2	2.6	6	35.00
310	塑料板盲沟	778		m		6	12.50
311	PVC塑料管(Φ50mm)	779		m	0.77	6	8.00
312	PVC塑料管(Φ100mm)	780		m	2.71	6	13.00

续前页

顺序号	名　　称	代号	规　　格	单位	单位质量（kg）	场内运输及操作损耗（%）	基价（元）
313	PVC阻燃塑料管	781		m		2	11.70
314	塑料软管	782		kg	1	2	16.65
315	塑料弹簧软管（ϕ50mm）	783		m		6	11.30
316	塑料弹簧软管（ϕ80mm）	784		m		6	20.50
317	塑料弹簧软管（ϕ110mm）	785		m		6	33.50
318	塑料波纹管（ϕ100mm）	786	双壁	m		6	14.00
319	塑料波纹管（ϕ200mm）	787	双壁	m		6	55.00
320	塑料波纹管（ϕ400mm）	788	双壁	m		6	80.00
321	塑料打孔波纹管（ϕ100mm）	789		m		6	16.00
322	塑料打孔波纹管（ϕ200mm）	790		m		6	60.00
323	塑料打孔波纹管（ϕ400mm）	791		m		6	98.00
324	金属软管	792		m	0.71	3	5.84
325	橡胶止水带	794	15mm×300mm	m	0.585	2.5	27.27
326	橡胶止水条	795		m		2.5	18.00
327	可挠金属管（LV-5/38号）	798		m		6	4.50
328	可挠金属管（LV-5/50号）	799		m		6	6.50
329	可挠金属管（LV-5/63号）	800		m		6	8.00

续前页

顺序号	名　称	代号	规　格	单位	单位质量(kg)	场内运输及操作损耗(%)	基价(元)
330	可挠金属管(LV－5/76 号)	801		m		6	10.00
331	可挠金属管(LV－5/83 号)	802		m		6	12.00
332	可挠金属管(LV－5/101 号)	803		m		6	15.00
333	PVC 注浆管	807		m	2	6	1.30
334	塑料排水板	811	96g/m	m	0.18	2	1.75
335	塑料编织袋	812	袋装砂井用	m	0.01	5	1.12
336	塑料拉筋带	813	聚丙烯塑料带	t	1000	16.2	13420.00
337	钢拉带	814		t	1000	2	6600.00
338	麻袋	818		个	1.3	1	2.60
339	草袋	819		个	1.8	4	1.09
340	绿篱	820		m		5	36.00
341	草籽	821		kg	1	3	80.00
342	树苗	822		株		5	5.00
343	乔木	823		株		5	15.00
344	灌木	824		株		5	10.00
345	油毛毡	825	400g,0.915m×21.95m	m^2	1.97	2	2.29
346	玻璃钢瓦	826	1300mm×7300mm×1.1mm	m^2	1.1	2	51.81

续前页

顺序号	名　　称	代号	规　　格	单位	单位质量(kg)	场内运输及操作损耗(%)	基价(元)
347	32.5 级水泥	832		t	1000	2	320.00
348	42.5 级水泥	833		t	1000	2	350.00
349	52.5 级水泥	834		t	1000	2	390.00
350	白水泥	837		t	1000	2	550.00
351	硝铵炸药	841	1 号、2 号岩石硝铵炸药	kg	1	1	6.00
352	导火线	842	120s/m	m	0.012	6	0.80
353	砂包线	843	ϕ1.2mm	m	0.012	4	0.45
354	母线	844	2.5mm^2	m	0.032	2	1.13
355	普通雷管	845	8 号铜管	个	0.004	3	0.70
356	电雷管	846	6 号瞬发电雷管,带脚线 1.5m	个	0.007	3	0.90
357	非电毫秒雷管	847	导爆管长 3 ~ 7m	个	0.007	3	1.52
358	导爆索	848	爆速 6000 ~ 7000m/s	m	0.04	2	1.10
359	石油沥青	851		t	1000	3	3800.00
360	改性沥青	852	SBS、SBR、SR 复合	t	1000	3	5400.00
361	乳化沥青	853	阳离子类乳化沥青、阳离子类乳化改性沥青、阴离子类乳化改性沥青	t	1000	3	4100.00

续前页

顺序号	名称	代号	规格	单位	单位质量(kg)	场内运输及操作损耗(%)	基价(元)
362	环氧沥青	854		t	1000	3	47500.00
363	纤维稳定剂	856	木质素纤维、矿物纤维等	t	1	2	18000.00
364	重油	861		kg	1	2	2.80
365	汽油	862	93 号	kg	1	2	5.20
366	柴油	863	0 号，-10 号，-20 号	kg	1	2	4.90
367	煤	864		t	1	7	265.00
368	电	865		kW·h		0	0.55
369	水	866		m^3	1000	0	0.50
370	木柴	867		kg	1	5	0.49
371	马赛克	871		m^2	12	2	26.33
372	瓷砖	872	150mm×150mm×8mm	m^2	14	2	30.86
373	石膏板	876	吸音板 600mm×600mm×9mm	m^2	12	5	10.78
374	青(红)砖	877	240mm×115mm×53mm	千块	2600	1	212.00
375	生石灰	891		t	1000	3	105.00
376	土	895	路面用堆方	m^3	1400	4	8.00
377	砂	897	路面用堆方	m^3	1500	4	50.00
378	中(粗)砂	899	混凝土、砂浆用堆方	m^3	1500	4	60.00

续前页

顺序号	名　　称	代号	规　　格	单位	单位质量（kg）	场内运输及操作损耗（%）	基价（元）
379	砂砾	902	堆方	m^3	1700	2	31.00
380	天然级配	908	堆方	m^3	1700	2	40.00
381	黏土	911	堆方	m^3	1400	4	8.21
382	膨润土	912		kg	1	2	0.62
383	碎石土	915	天然堆方	m^3	1550	2	19.50
384	砂砾土	916	天然堆方	m^3	1700	2	22.00
385	砾石（2cm）	921	最大粒径 2cm 堆方	m^3	1650	2	47.00
386	砾石（4cm）	922	最大粒径 4cm 堆方	m^3	1650	2	41.00
387	砾石（6cm）	923	最大粒径 6cm 堆方	m^3	1650	2	37.00
388	砾石（8cm）	924	最大粒径 8cm 堆方	m^3	1650	2	34.00
389	片石	931	码方	m^3	1600	2	34.00
390	大卵石	935	粒径 > 8cm 码方	m^3	1750	2	31.00
391	煤矸石	936	堆方	m^3	1450	2	16.00
392	煤渣	937	过筛净渣堆方	m^3	800	2	16.00
393	矿渣	938	堆方	m^3	1050	2	16.00
394	石渣	939	堆方	m^3	1500	2	22.60
395	粉煤灰	945	堆方	m^3	930	3	20.97

续前页

顺序号	名　　称	代号	规　　格	单位	单位质量（kg）	场内运输及操作损耗（%）	基价（元）
396	风化石	948	堆方	m^3	1700	2	18.10
397	矿粉	949	粒径 <0.0074cm，质量比 > 70%	t	1000	3	125.00
398	白石子	950	堆方	m^3	1500	2	240.00
399	碎石（2cm）	951	最大粒径 2cm 堆方	m^3	1500	2	55.00
400	碎石（4cm）	952	最大粒径 4cm 堆方	m^3	1500	2	55.00
401	碎石（6cm）	953	最大粒径 6cm 堆方	m^3	1500	2	52.00
402	碎石（8cm）	954	最大粒径 8cm 堆方	m^3	1500	2	49.00
403	碎石	958	未筛分碎石统料堆方	m^3	1500	2	27.50
404	石屑	961	粒径≤0.8cm 堆方	m^3	1500	2	65.00
405	路面用碎石（1.5cm）	965	最大粒径 1.5cm 堆方	m^3	1500	2	65.00
406	路面用碎石（2.5cm）	966	最大粒径 2.5cm 堆方	m^3	1500	2	65.00
407	路面用碎石（3.5cm）	967	最大粒径 3.5cm 堆方	m^3	1500	2	63.00
408	路面用碎石（5cm）	968	最大粒径 5cm 堆方	m^3	1500	2	56.00
409	路面用碎石（6cm）	969	最大粒径 6cm 堆方	m^3	1500	2	53.00
410	路面用碎石（7cm）	970	最大粒径 7cm 堆方	m^3	1500	2	50.00
411	路面用碎石（8cm）	971	最大粒径 8cm 堆方	m^3	1500	2	48.00
412	块石	981	码方	m^3	1850	1.5	85.00

续前页

顺序号	名　称	代号	规　格	单位	单位质量(kg)	场内运输及操作损耗(%)	基价(元)
413	盖板石	982	实方	m^3	2600	1	100.00
414	料石	983		m^3	2600		170.00
415	粗料石	984	实方	m^3	2600	1	123.14
416	细料石	985	实方	m^3	2600	1	170.00
417	草皮	995		m^2	100	10	1.80
(四)半成品							
418	石灰膏			m^3		1	
419	各种厂拌路面稳定土			m^3		2	
420	各种厂拌沥青混合料			m^3		2	
421	各种砂浆			m^3	2000		
(1)	砌筑			m^3		2	
(2)	勾缝			m^3		4	
(3)	抹面			m^3		3	
422	水泥浆			m^3		5	
423	水泥混凝土			m^3			
(1)	现浇无筋混凝土			m^3	2400	泵送:4 其他:2	
(2)	现浇有筋混凝土			m^3	2600	泵送:4 其他:2	

续前页

顺序号	名　　称	代号	规　　格	单位	单位质量(kg)	场内运输及操作损耗(%)	基价(元)
(3)	预制无筋混凝土			m^3	2400	泵送:3 其他:1	
(4)	预制有筋混凝土			m^3	2600	泵送:3 其他:1	
424	混凝土及钢筋混凝土构件			m^3			
(1)	小型构件			m^3	2400	拱波:4 其他:1	
(2)	桥涵上部构造			m^3	2600		
(3)	钢筋混凝土方桩、管桩			m^3	2600	I 组土:3II 组土:4	

本定额用词说明

为科学确定技术标准，合理运用技术指标，本定额对各项技术指标条文的规定，按其执行的严格程度，在用词上采用了以下写法，请使用者充分考虑地区之间的发展差别，以及各地域的自然、地理、地质条件的特殊性和差异性，并结合工程项目的具体情况运用。

本定额条文用词：

(1)表示很严格，非这样做不可的用词：

正面词采用“必须”；反面词采用“严禁”。

(2)表示严格，在正常情况下应这样做的用词：

正面词采用“应”；反面词采用“不应”或“不得”。

(3)表示允许有选择，有条件时首先应这样做的用词：

正面词采用“宜”；反面词采用“不宜”。

(4)表示允许有选择的用词：

正面词采用“可”。